孙韶阳

著

平台与政府

数字经济时代的市场治理模式转型与重构

PLATFORM AND GOVERNMENT:
RECONSTRUCTION OF MARKET GOVERNANCE PATTERNS
IN THE DIGITAL ECONOMY ERA

ZHEJIANG UNIVERSITY PRESS
浙江大学出版社
·杭州·

图书在版编目(CIP)数据

平台与政府：数字经济时代的市场治理模式转型与重构 / 孙韶阳
著. 一杭州：浙江大学出版社，2024.3(2025.3 重印)
ISBN 978-7-308-23476-4

Ⅰ.①平… Ⅱ.①孙… Ⅲ.①网络企业－企业管理－
管理模式－研究－中国 Ⅳ.①F279.244.4

中国国家版本馆 CIP 数据核字(2023)第 006766 号

平台与政府：数字经济时代的市场治理模式转型与重构
PINGTAI YU ZHENGFU
SHUZI JINGJI SHIDAI DE SHICHANG ZHILI MOSHI ZHUANXING YU CHONGGOU

孙韶阳　著

策划编辑	吴伟伟
责任编辑	丁沛岚
责任校对	陈　翮
封面设计	雷建军
出版发行	浙江大学出版社
	（杭州市天目山路 148 号　邮政编码 310007）
	（网址:http://www.zjupress.com）
排　　版	杭州晨特广告有限公司
印　　刷	广东虎彩云印刷有限公司绍兴分公司
开　　本	710mm×1000mm　1/16
印　　张	12.75
字　　数	200 千
版 印 次	2024 年 3 月第 1 版　2025 年 3 月第 2 次印刷
书　　号	ISBN 978-7-308-23476-4
定　　价	68.00 元

前　言

自 20 世纪 90 年代互联网引入中国至今，互联网的快速发展给中国社会留下了深刻的时代烙印。据中国互联网络信息中心（CNNIC）发布的第 1 次《中国互联网络发展状况统计报告》，1997 年，中国网民人数仅为 62 万人；而在第 49 次《中国互联网络发展状况统计报告》中，截至 2021 年 12 月，我国网民规模已达 10.32 亿人，互联网普及率达到 73.0％。不仅如此，互联网的迅速普及还带来了社交媒体传播影响力的显著提升、电子商务产业规模的迅速增长以及线上线下的融合纵深发展。在电子商务领域，我国网络购物用户规模已接近 8.5 亿人，2017—2022 年，网上零售额对社会消费品零售总额增长的平均贡献率超过 35％，动能加速转换、模式不断创新、增长点频出的巨大的网络市场已经形成。

在网络市场快速发展与革新的同时，市场组织和经营特征的巨大变化也给中国既有的市场监管体系带来巨大的冲击，我国的市场监管与社会管理体系面临着如何快速适应与转型的问题。

网络市场发展也对我国传统的市场治理结构提出了挑战。互联网这一以经济性方式打破时空限制、使连接无处不在的技术变革，使基于互联网的沟通与交易真正突破了地域、时间与实体的限制，也使我国数千年来大国治理赖以实现的"划地而治"的基础治理结构面临冲击。网络市场作

平台与政府

为网络社会的先发领域,天然地具有对市场开放性、规则统一性和操作灵活性的要求,因而率先爆发了与传统社会治理中基于地域管辖的条块管理模式的冲突,带来了一系列诸如公民与网民的身份错位、地域与网域的对接失调、线上与线下的管理失序以及公域与私域的分野消弭等治理困境,直观显现在市场秩序层面则是不正当竞争加剧、假冒伪劣产品泛滥、网络违法犯罪猖獗等规制难题。面对网络市场发展对传统市场治理结构提出的挑战,我国市场监管体系面临尽快适应网络市场治理的变革与转型的挑战。

我国的网络市场治理无现成经验可循。在过去几百年间的社会发展过程中,我国的工业化进程一直落后于西方国家,西方国家的发展历程为我国发展路径和治理模式的选择提供了一定的借鉴经验。但互联网时代的快速到来使中国与西方发达国家站在网络经济的同一起跑线上,并且隐约呈现出领跑趋势,因此也与西方发达国家共同面临着诸如政府监管势弱、价值观念冲突、社会平衡体系消解等一系列社会结构问题与制度层面的挑战。长久以来强烈的发展意愿和滞后的制度构建间的矛盾,以及依赖前人经验的惯性和互联网产业的前沿性间的矛盾,使得中国面临更多的挑战,对于网络市场的治理路径选择,欧洲国家采取了相对保守的策略,在监管政策上十分注重对隐私和产权的保护,也因此失去了抢占全球网络经济高地的机会。美国在互联网技术的先发优势下,积极发挥微软、谷歌等互联网巨头的作用,实现了进一步的全球化扩张,其发展网络经济的积极态度与中国强烈的网络经济发展意愿相符。由于基础社会信用体系缺失,中国在网络市场治理中面临着美国网络市场治理中不曾出现或不构成难题的治理问题,加上对先验经验的依赖,使得困难加剧。

如何进行市场的有效治理是网络市场快速发展对公共管理者提出的

难题。2019 年,《中华人民共和国电子商务法》正式施行,对电子商务经营活动做出了法律规范。然而治理是一项复杂的系统工程,涉及多个治理参与方之间正式与非正式的动态互动过程。2016 年 10 月 9 日,习近平总书记在主持中央政治局集体学习时就网络社会的治理提出方向指引:"随着互联网特别是移动互联网发展,社会治理模式正在从单向管理转向双向互动,从线下转向线上线下融合,从单纯的政府监管向更加注重社会协同治理转变。"①探索网络市场的协同治理与合作共治模式,是实现网络市场乃至网络社会有效治理的必然趋势。

在社会治理模式转变的整体趋势下,可以发现网络平台特别是体量巨大的超级网络平台企业在网络市场治理中扮演着重要角色。网络平台在网络市场治理体系中实际上有着两种双重属性——既包括"企业—市场"的双重属性,也包括"运动员—裁判员"的双重属性。在基础规则体系相对缺失的网络市场发育阶段,先发互联网企业出于自身发展的需要以平台规则等市场规则的建构填补了网络市场基础交易规则和规制框架的空白,并在网络市场治理体系的建构过程中不断被法律体系和政府治理框架吸纳和整合,从而使网络平台在作为市场中竞争主体的同时,也成为网络市场中重要的治理主体。网络平台成为传统的治理主体政府与被治理主体市场参与者之间的中间地带,网络市场治理逐渐演变为"政府规制平台,平台规制用户"的"政府—平台—用户"分层治理结构,本书称之为"平台—政府"双层治理模式。

随之而来的问题是,网络平台在网络市场治理中所扮演的角色与既有的政企合作治理中私人部门的治理参与有何不同之处?"平台—政府"

---

① 中共中央文献研究室.习近平关于社会主义社会建设论述摘编[M].北京:中央文献出版社,2017:134.

平台与政府

双层治理模式是网络市场治理体系尚不健全情境下的过渡之举还是网络市场治理的未来走向？网络平台与政府监管部门在双层治理结构中存在怎样的权力关系和互动过程？这种治理模式将对今后的网络市场乃至网络社会治理结构产生怎样的深刻影响？在这些疑问的基础上，结合网络平台在数字经济发展和网络市场治理中发挥着越来越重要作用的事实，厘清目前网络市场治理中"平台—政府"双层治理模式的运作机制，并进一步探究"平台—政府"双层治理模式的形成机理，能够为理解我国数字经济新时期的政企关系提供相关研究基础，并为进一步探索我国数字社会协同治理的实现路径提供有益素材。

因此，本书试图对以下问题进行探究：何为网络市场中的"平台—政府"双层治理模式？在该模式中，平台和政府怎样合作实现对网络市场的监管？"平台—政府"双层治理模式是在什么样的条件下形成的？其稳定性如何？具体而言，主要包括：厘清网络市场治理的现状；"平台—政府"双层模式的治理架构；"平台—政府"双层治理模式形成的条件，以及作为治理主体的平台与政府之间的力量关系；"平台—政府"双层治理模式背后政府与平台的行动逻辑和策略选择；"平台—政府"双层治理模式的稳定性；政府与平台在合作治理中存在的博弈问题；网络市场治理的未来方向等等。通过对这些问题的研究与思考，加深对网络市场治理中政府与平台企业合作机制的认识，为网络市场的有效治理、协同治理和法治化治理提供有益的理论支撑。

目　录

第一章 导 论

第一节 理论溯源与相关研究评述

一、政府规制理论及其演进

自现代意义上的市场形成以来,市场的发展便离不开国家的身影。规制是国家对市场活动进行干预的一种形式,也是政府行政功能在市场和社会领域的一种体现。规制的理论与实践发端并成长于西方国家,并随我国经济转轨的深入而得到吸纳和创造性改进。在市场规制的理论和实践体系中,政府始终是规制的发起者和重要主体,并在市场演进和国家治理理念的转变过程中变更着规制的价值取向、判断标准和行动方式。

(一)政府规制的概念界定

对于"规制"(regulation)或"政府规制"(government regulation)的概念和内涵,学界已有诸多研究,国内外许多学者从不同的角度出发对其进行了提炼与界定,表 1.1 列举了部分国内外学者和相关机构对政府规制的概念界定。从这些概念界定中可以看出,政府规制是政府行政职能在行政执法领域的表现与延伸,保护公共利益、矫正市场失灵是多数人所认同的政府规制的出发点。与管制相比,规制重在市场经济活动干预中的"有章可循",有规则可依、按规则行事是政府规制相比管制的重要特征

平台与政府

（张丽娜，2006）；与治理相比，内容上有相通的部分，但规制的范围较治理更为狭窄，强调的是对市场主体行为中"不好的一面"的预防、干预与矫正。在大多数学者的界定中，特别是在早期研究中，规制的施行主体都是政府，但随着市场多元化的发展，公共机构也被纳入规制的主体体系之中。

表 1.1　国内外学者对政府规制的概念界定

概念界定	来源
①指国家以经济管理的名义进行干预；②指政府为控制企业的价格、销售和生产决策而采取的各种行动	《新帕尔格雷夫经济学大辞典》
政府命令对竞争的明显取代，是企图维护良好经济绩效的一种基本制度安排	Kahn（1970）
国家强制权力的运用，是产业所需并主要为其利益所设计和操作的	Stigler（1971）
针对私人行为的公共行政政策，是从公共利益出发而制定的规则	Minick（1980）
规制者的判断对商业或市场判断的决然取代，政府的产业规制仅仅是对众多私人经济力量的法律控制形式中的一种	Gellhorn 等（1982）
由行政机构制定并执行的直接干预市场配置机制或间接改变企业和消费者供需决策的一般规则或特殊行为	Spulber（1989）
社会公共机构按照一定的规则对企业的活动进行限制的行为	植草益（1992）
政府以制裁手段，对个人或组织的自由决策的一种强制性限制	Viscusi（1995）
政府控制公民、公司或下级政府行为的尝试，在某种意义上，是指政府对社会范围内公民选择的限制	Meier（1998）
政府对私人经济部门的活动进行的某种规制或规定	樊纲（1995）
政府根据有关法律法令、规章制度，对市场主体的经济活动进行规范和制约的一种管理方式	陈富良（2001）
具有法律地位、相对独立的政府规制者（或机构），依据一定法规对被规制者（主要是指企业）所采取的一系列行政管理与监督行为	王俊豪（2001）

概念界定	来源
政府对私人经济活动所进行的某种直接的、行政性的规定和限制	于立等(2002)
基于公共利益或其他目的,依据既有的规则对被管制者的活动进行的限制	曾国安(2004)

从规制产生的原因来说,自然垄断和信息不对称的存在是政府对市场经济行为进行规制的理论依据(夏大慰等,2001),自然垄断产业的范围经济性使政府在需要通过规制赋予并维持其垄断性结构的同时,也需通过规制避免其因非市场竞争性而凭借垄断地位对社会福利造成损害;柠檬市场问题的存在也证明了信息不对称能够导致劣质商品驱逐高质商品的市场失灵现象(Akerlof,1970)。在政府规制理论中,由于产权清晰界定的缺乏和交易成本的存在而产生的外部性是政府规制的必要条件,信息不对称所导致的交易者逆向选择行为和攫取利益、转嫁成本等失德行为带来的内部性也是政府规制的涵盖范畴(何立胜等,2006)。前者即政府规制狭义上的经济性规制范畴,后者乃政府规制的社会性规制范畴,经济性规制与社会性规制是政府规制所包含的两个类别和方向。

(二)西方的政府规制理论演进

西方的政府规制理论在市场演进的不同阶段和对国家与市场关系认识的不同层面,形成了不同的理论流派和研究范式,其中主要包括了规制公共利益理论、规制俘虏理论、放松规制理论和激励性规制理论等。

规制理论的兴起源于维护公共利益的视角,马歇尔(1890)在其著作《经济学原理》中认为自然垄断、外部性导致了市场失灵,回应公共需要、弥补市场失灵、致力于实现社会福利最大化是政府规制的逻辑起点。规制公共利益理论得到了 Breyer(1990)、植草益(1992)等诸多经济学家的支持。但随着公共利益理论研究的不断发展,对规制公共利益理论的批判和质疑也同样不断涌现,作为理论前提的政府"完全理性"与"道德人"假设陆续被后续学者推翻(Viscusi et al.,2005)。在公共利益理论的对立面,Stigler(1971)以政府的"经济人"假设替代"道德人"假设,提出政府规制的设计和实施是为了满足产业自身对规制的需要、是为利益集团服务而生的观点,即规制俘虏理论。利益集团通过与规制者的利益契合进而通过公共政策实现对经济活动的影响,最终形成利益集团对政府的俘获和对规制的控制。规制俘虏理论也在 Peltzman(1976)等人的后续研究中得到了进一步的论证与拓展。

随着政府过度规制导致的规制失灵的普遍存在,20 世纪 70 年代美国兴起的新公共管理运动为政府规制改革提供了良好契机。以美国为首的西方国家掀起了"放松规制"的浪潮,美国政府规制改革在实践层面进行了一系列收缩政府职能,放松经济规制,调整政府与社会、政府内部之间的规制关系等一系列放松规制的改革进程。而理论界也以可竞争市场理论(Baumol,1986)、政府规制失灵理论(Kahn,1988)和 X 效率理论(Frantz,1980)的相继提出和完善对放松规制的主张给予理论支撑。

在规制放松浪潮和新公共管理运动的影响下,西方研究者摈弃了公共利益与利益集团的绝对二分、竞争与规制的完全剥离,转而在有限理性的假定下探寻规章制度有效激励机制的设计,激励性规制理论应运而生。研究者设计了特许投标竞争、区域间比较竞争、价格上限规制、社会契约规制等规制模型,以解决规制中委托—代理下的激励问题、信息租金问题以及合谋和俘获等规制失灵问题。除此之外,在放松规制阶段过后,随着经济的进一步发展,人们更加关注健康、安全、可持续发展等内容,公共利益目标又重回政府的规制视野,使政府在环境污染治理、食品药品安全等领域的社会性规制日益得到重视,进而形成竞争与规制融合、经济性规制与社会性规制并进的现代政府规制体系。

(三)我国的政府规制理论探索

我国的政府规制研究起始于 20 世纪 80 年代,国内市场的转型和发展促使国内研究者试图引进和借鉴西方规制理论,用以指导中国的市场规制实践。随着市场化改革进程的推进和本土化市场规制实践的深入,我国的政府规制也经历了从全盘借鉴,到发现中国市场规制情境与西方的差异,再到探索本土化的政府规制理论的演进过程。

国内研究者从制度环境、改革进程、传统与文化体制等方面对中西方的规制差异进行了分析。有学者着眼于中西方规制所处的市场发展阶段的不同,如王健等(2009)认为与西方政府规制先行不同,中国的宏观调控无论是在理论推进上还是在政策沿革上都先发于政府规制,政府规制理论和实践处于后发、慢行状态;黄德春(2006)认为西方国家放松规制是在市场发育到一定阶段后应政府收缩经济职能需求而进行的,而中国的规制改革尚处于市场秩序建立的培育阶段。也有学者聚焦于中西方规制的制度差异,如李俊(2006)从依存性制度的视角切入,认为中国的政府规制实践同西方相比在其所依存的法律的完备性、行政过程的有效性等正式制度约束以及其他非正式制度约束方面都存在巨大差异;耿云等(2006)分析了中美规制改革动因的差异,与美国规制改革起因于对过度规制下弊端凸显的补救相比,中国的规制改革出自经济转型过程中国有企业发展的困境和社会主义市场经济体制建立的客观需要。

在对我国规制理论和体系的探索上,研究者一致认为应探索建立适应我国具体国情的中国特色规制理论体系,并为此做了许多研究尝试。有学者对我国政府规制体系中存在的制度缺陷、规制局限性等现实问题进行了剖析(谢地等,2003;李郁芳,2004),并分析了规制失灵产生的可能原因(王学军等,2005)。也有学者从经济规制、社会规制和行政规制三个层面对构建我国规制体系提出了设计与改革建议(余晖,1998;王健等,2009),或是从具体的行业领域如电力等自然垄断行业、基础设施建设、食品药品行业入手,针对性地提出行业规制改革的可行路径(王俊豪,1999;肖兴志,2003;宋华琳,2008)。随着政府和公众对环保问题的愈加重视,对环境规制与经济绩效共赢发展的研究越来越多,例如对政府环境规制与企业经营绩效关系及影响因素进行实证分析(张红凤等,2009;颉茂华等,2014),以期为政府社会性规制的实践层面提供更多的科学性支持。

总体上来说,在 20 世纪 90 年代前的规制理论研究中,政府作为规制者一直处于中心地位,政府规制理论随着西方新公共管理运动的发展而日臻成熟,并在中国的实践土壤中进行了中国化的创新与延伸。我国的政府规制研究总体上呈现出两特征：一是研究对象更多地集中在具有自然垄断性质的公共性产业上，如电力、通信、轨道交通等领域；二是经济学界对政府经济性规制的研究相对充分，研究层次相对完善且方法运用较为多元化，而社会性规制层面的研究尚未形成成熟的体系。

二、规制压力下的企业战略行为

政府制度、社会规范、文化等因素共同构成了企业所面临的外部环境，催生了企业应对外部环境和内部变动的企业战略，并且随着企业对外部环境认识的加深逐渐从对产业状况的关注发展到对资源基础的关注，进而转向对制度基础的认识与策略应对（谢佩洪，2010）。面对以政府规制为代表的外部环境，对企业行为的研究涵盖了从被动顺从适应到主动影响引导等多元化的研究视角。本书分别从制度压力与组织合法性视角，企业政治行为视角和企业社会责任视角对政府规制压力下的企业行为研究进行概述。

（一）制度压力与组织合法性视角

制度理论强调的是制度环境对组织决策和行为的影响（Meyer et al.，1977），政府制度、社会规则、文化等因素共同构成了企业所面临的外部制度环境，而外部制度环境对企业的生存构成了一种需要服从的压力，即制度压力（吴敬琏，1994），企业在制定发展战略时除了要关注其产业状况和企业自身资源状况外，还需要考虑来自国家或是地区的外部制度环境层面的影响（DiMaggio et al.，1991）。学界研究发现，给企业带来制度压力的既包括政府制定的法律、法规等强制性机制，也包括融入社会意识中被视为理所应当的社会规范（Hoffman，1999）；既有正式的制度约束，也有非正式的制度约束（Oliver，1997）。Scott（1995）将企业所面临的制度压力分为规制压力、规范压力和认知压力三类，来自政府的行政指令、法律法规等强制性规制压力是企业面临的制度压力的重要组成部分。在企业应对制度压力的策略上，Oliver（1991）总结了组织在面对制度压力时所采取的多个维度的战略反应，包括默许、妥协、避开、挑衅和利用。在这些理论的基础上,Peng(2002)提出了基于制度基础观的企业战略理论,聚焦于制度作为变量对企业战略选择的影响,以解释不同制度背景的国家间企业战略选择的差异。

制度环境的复杂性使企业面临多重制度压力,在这种情况下,企业的合法性对于其生存就具有十分重要的意义。合法性机制所强调的是组织的结构和行为不仅与技术环境有关,还受到制度环境的制约与规范。曹正汉(2005)将新制度学派对制度影响下的合法性机制的研究分为强意义和弱意义两个层面,强意义上的合法性机制意味着在强大的约束力下组织和个人没有自主选择的余地,弱意义上的合法性机制则更多地倾向于通过影响资源分配等激励方式来影响组织的决策。而制度压力下组织获取合法性的途径也进一步分化为"嵌入"和"能动"两种方式(蔡宁等,2017)。"嵌入性"可以从 Granovetter(1985)"经济行动嵌入社会结构"的角度来理解,组织通过适应和服从既有制度规范等被动战略来获取合法性,最终形成组织的"同构"(DiMaggio et al.,2000);而"能动"的观点则强调组织在面对制度压力时对外环境的主动改变能力(曾楚宏等,2008;赵晶等,2015)。已有研究证实了强制度压力与企业采取顺从策略的直接关系,例如 Salancik(1979)通过实证研究发现组织对政府的依赖程度越高,就会越倾向于采取顺从策略。周雪光(2003)研究认为企业采取合法性机制的倾向与制度压力的强度正相关。随着企业战略理论和实践的推进,研究者开始普遍辩证地看待企业对待制度压力的反应,既非完全被动接受,也非总是尝试突破(吕源,2009),而是带有一些"权变"色彩。当企业对某种特定的制度压力同时具有抵御动机和相应的抵御能力时,企业才会在"能动"观下选择抵御程度较高的合法性策略,否则企业将更倾向于选择顺从程度较高的合法性策略(宋铁波等,2011)。

(二)企业政治行为视角

企业的政治行为是指企业试图直接影响政府政策或规制过程以使公共政策向有利于企业生存和获取市场成功的方向演进的复杂行为(王亮等,2006)。企业的政治行为在某种程度上可以说是企业在政府规制压力

平台与政府

下的企业战略行为。在已有研究中,有研究者认为制度环境是影响企业政治行为的最重要因素,制度越落后,企业建立政治关系的欲望越强烈(Bartels et al.,2003);有研究发现在政府管制较多以及相关制度越落后的国家,企业通过政治关联获取利益的可能性越高(Li et al.,2006);有研究发现政府在资源配置上掌握更多权力、市场化程度更低的地区,控制权结构较为集中的企业更容易开展政治行为(Chen et al.,2011);也有研究证实行业被管制的压力越大,其企业采用的政治行为就越多样、频繁(李岚,2009)。在学界的相关研究中,基于对企业政治行为的理解不同,研究者从社会交换理论、寻租理论、资源依赖理论、委托—代理理论、博弈理论等多种理论视角对涉及企业政治行为的政企间微观互动机制进行了研究,例如金太军等(2011)在交换理论的基础上构建了以"价值—资源—影响力—交换"为核心要素的政企交换分析框架;演化博弈理论被应用于分析环境规制中政府与污染企业之间的博弈过程与演化稳定策略等(潘峰等,2018;曹霞等,2018)。

对于企业政治行为形成的背景,从政府的角度分析,主要存在两大影响因素。一是政府官员寻租行为的存在。Fligstein(2002)在研究市场的政治嵌入时曾指出,国家不仅扮演着市场秩序的维护者、不同利益集团间的关系调节者或仲裁者的角色,而且也以各种隐蔽的方式改变着市场中的博弈秩序。寻租便是隐蔽于政企关系之中的重要影响因素。合谋理论认为在层级式的委托—代理关系中,由于契约不完全和信息不对称,易导致代理人和管理者之间的合谋现象(Tirole,1986);政府俘获理论阐释了企业为获取额外利益而俘获地方政府突破法律规制的行为(李琼等,2011)。市场机制建立初期,法治环境的缺失和监督机制的不完善是政府官员寻租行为泛滥的重要原因。二是政府强烈的发展意愿。经济改革时期,中国的政府特别是地方政府,具有开展经济建设、扶持地方企业发展的强烈意愿。Weingast(2009)、周黎安(2007)、郁建兴等(2012)等分别从财税制度、激励机制、行为逻辑等层面对地方政府的发展行为进行了阐释。政府强烈的发展导向给企业制定政治战略、开展政治行为提供了极大的机会和空间(张建君,2012),促成了地方政府和辖区经济精英的联系和互惠(张莉等,2013)。

对于企业开展政治行为的动机,根据已有研究,大致可以分为两类。一类是作为产权保护的法律替代机制,以规避制度不确定性的风险。制度的不确定性在转型期的市场环境中是常态,通常表现为政治不确定性和行政管理不确定性(Guthrie,1997),这主要由制度自身的功能缺陷所致,同时也是出于适应外部环境变化的需要(黄信,2010)。Leone(1986)研究发现,即使是政府的同一政策,也会给不同行业甚至是同一行业不同地域、不同规模的企业带来不同影响。特别是我国经济转型时期的民营企业,同国有企业相比,它们面临着更大的制度不确定性。出于产权保护和消除对民营企业的不利竞争影响的需要,研究者认为政治关联能够部分替代正式的法律制度,起到为民营企业发展提供产权保护的作用(胡旭阳,2006;Butler et al,2009)。另一类是获取政府补贴和融资便利(赵峰等,2011)。对于这一点,国内大量对民营企业或上市公司的研究已证实政治关联对企业获取政府补贴(陈冬华,2003;杨筠等,2018)和获取更多贷款、延长贷款期限等融资便利具有正向作用(Bai et al.,2006;罗党论等,2008;余明桂等,2008)。

与此同时,企业政治行为是否会产生负面影响也同样引起研究者的关注。符平(2013)指出,企业的成功运转无法单纯依靠嵌入性关系或者单纯依靠市场关系,太多的嵌入性关系会造成"过度嵌入网络",而太少则会形成"低度嵌入网络",均不利于企业的发展。国内学者陈敏菊(2006)、余明桂等(2010)也发现,企业政治行为给民营企业带来的利益是以扭曲市场资源有效配置为代价的,政治关联也会给民营企业自身带来负面效应。张建君(2012)也以"嵌入的自主性"证明了企业应把政治行为作为对市场战略的补充而非替代。

(三)企业社会责任视角

近年来,在对企业承担社会责任的研究中,较多学者关注到企业对其在社会系统中承担责任,把企业承担社会责任作为一种价值判断(Clarkson,1995;林建宗,2011)。除此之外,政府规制压力也是影响和推动企业社会责任行为的重要因素。Campbell(2007)研究认为政府规制是影响企业社会责任行为最重要的制度性因素,并指出在强有力的地方规制下,特别是在政府与企业能够就规制协商一致的情况下,企业更可能采取社会责任行动;Qu(2007)研究认为企业履行社会责任的程度受企业经理人对政府规制认知程度的直接影响;Marquis(2007)从来自不同社区层面制度压力的角度,分析了不同社区企业社会责任行为存在差别的原因;Detomasi(2008)指出企业履行社会责任的动机在某些方面与企业政治行为类似,可以作为诉求于政府和社会的政治工具,以避免企业竞争力受到外部环境的负面影响。国内关于政府规制压力下企业社会责任的研究中,黄敏学等(2008)从企业被"逼捐"的现象出发,构建了基于扎根理论的企业社会责任认同模型,用以分析外在压力对企业社会责任行为的影响。李彬等(2011)通过实证方法研究了制度压力的类型、程度不同对企业社会责任行为产生的影响;冯臻(2014)证实了强制性的规制压力对企业社会责任行为存在重要驱动作用。

从整体上看,企业在政府规制压力下的战略行动受到了较多的研究关注,企业的战略决策不仅受市场经济性因素的影响,还受以政府规制为代表的外部环境的制约,并且对外部环境影响的研究逐渐从强制性规制扩展到社会意识和文化价值层面。政府规制在相关研究中不再仅仅作为企业外部环境的一项静态的客观存在,而是深刻影响着企业生存发展的动态过程,使政企互动的微观机制成为研究者一直以来试图揭开的"黑箱"。制度压力下的企业合法性机制选择、企业政治行为战略以及企业社会责任行为等,都是企业在外部环境压力下做出的策略反应,并且在被动适应和主动改变的天平中不断调整着自身的策略选择。

三、市场治理中的私人部门参与

20 世纪 90 年代以后,治理理论作为一种为解决新公共管理理论未能解决的效率与价值关系难题而生的新的社会管理范式,在全球范围内迅速兴起(王诗宗,2010),引发了非政府组织、私人和部门参与社会管理的浪潮。治理理论在发展演变过程中形成了超越其字面意思的丰富内涵,其中多元主体的治理参与(除了政府之外,还涵盖各种非营利组织、民间团体、行业协会以及企业等私人部门)和多种方式的治理合作是治理理论的核心内容,强调政府责任的有限性和权力的分散化、去中心化。在对治理理论有重要贡献的学者中,Rosenau(2001)研究了多元主体间的竞争与协作关系,指出主体间通过竞争与协作形成为大多数人所接受的治理规则;Rhodes(1996)通过列举治理的六种使用方式,关注治理中相互依存的组织间公私边界的灵活性和模糊性特征,以及治理参与方因资源交换而产生的持续互动;Stoker(1998)、Jessop(1998)等将治理的过程视为一个系统的运作,侧重于研究系统内部成员间的合作互动和自组织行为的建立。在治理理论的中国化研究中,俞可平(2001)致力于探寻治理理论对我国转换公共政策制定模式、摆脱市场化进程中的公共管理低效问题的理论和实践作用;随着治理理论的发展和国内外公共行政研究者的普遍接纳,在治理理论的基础上进一步出现了善治(good governance)、元治理(meta-governance)、自我治理(self-governance)、合同治理(contract governance)、合作治理(corporate governance)等治理相关理论,并在规制的层面上形成了具体的基于管理的规制(management based regulation)、元规制(meta-regulation)、自我规制(self-regulation)以及合作规制(co-regulation)等强调政府外多元主体参与的规制理论。

从一元规制到多元规制,从强制性规制到自愿性规制,从政府中心规制到社会共治,是规制性治理的演变趋势。基于管理的规制将被规制者引入通过自我评估和规划实现规制目的的参与过程中,为企业提供了实现公共目标的灵活性(Coglianese et al.,2003);自我规制与元规制类似,都是主张赋予被规制者自我规制管理的裁量权,不同之处在于自我规制被视为规制者与被规制者间的内部统一,而元规制被界定为外部规制者引导被规制者进行自我规制回应的规制方式(Coglianese et al.,2010)。随着传统的"命令—控制"规制模式带来的效率损失和经济活动失衡等问题的日益凸显,"利益协调"在规制目标中越来越重要,同时也为多元主体间的相互合作提供了更多可能。在引入多元主体的规制参与中,合同治理与合作治理引起了我国学界的广泛关注。

合同治理理论由美国学者 Cooper(2007)提出,他将契约关系引入政府的公共管理服务过程中,政府通过与其他组织订立合同,对责任、权利、义务进行事先规定,并通过管理合同的形式、实施来提高公共管理服务的质量。在合同治理中,作为合同参与方的各个主体间拥有平等的地位,主张双方在平等、自愿的基础上订立契约并忠实履行(韩兆柱等,2018),政府不再是强制者,而是更多地扮演合伙人与评估者的角色,并在一定程度上追求公共利益与私人利益间的协调平衡。在将合同治理理论应用于规制层面中时,张丽娜(2007)探讨了合同规制在我国城市公用事业市场化过程中的应用,并指出合同规制下合同双方可能存在经济风险、政治风险、信息不对称风险等风险情形。

合作治理更加强调治理主体间的合作机制,其关键在于两个或多个组织间的跨政府不同部门、跨政府不同层级以及跨公共部门与私人部门合作(Emerson et al.,2012),并且合作的目的旨在协商、制定或执行相关的公共政策和公共事务的治理安排(Ansell et al.,2008)。在关于合作治理的国内研究中,张康之(2012)开展了大量合作治理相关研究,积极推动开放式、参与性的社会治理模式;敬乂嘉(2009)通过合作治理的中外对比研究,为中国治理实践提供了理论指导和经验借鉴;侯琦等(2012)从主体多元化、权力分散化、机制综合化三方面对合作治理的内涵进行了阐释;宋华琳(2016)指出在合作治理的复杂网络中,尽管国家与社会的关系产生了相应变化,但行政组织依然是权力的中心,具备政策议程上的优先顺序。在此基础上,高秦伟(2015)、宋亚辉(2017)等学者进一步阐述了合作规制作为政府规制与自我规制之间的交织形态、行政规制与司法规制之间的功能互补的特征;刘绍宇(2018)分析了合作规制在具体的规制实践中可能存在的六种形式。

总的来说,自治理理论从西方兴起以来,分权化、多中心的治理理念打开了私人部门参与公共事务的广阔思路,随后无论是善治、元治理、自我治理还是合同治理、合作治理等理论,都与治理理论一脉相承,强调非政府部门的参与以及政府同私人部门间的协商与合作。但整体上对合作治理的研究更多地集中在公共产品和公共服务的提供层面上,较少关注市场的社会性规制层面;在已有的对私人部门参与市场规制的研究中,也大多停留在理念阐释层面,缺乏对合作规制主体间合作与互动机制的深入探究。

四、网络市场治理的新模式

(一)互联网治理的范式讨论

随着互联网的普及和共享经济的发展,对互联网的规制也成为研究者关注的焦点。互联网行业在其发展的初始阶段曾经历了规制相对较少的高速发展时期,然网络安全、隐私保护等社会性规制问题的显现也使对互联网进行规制成为各国的共识。相比讨论网络空间是否需要管制和治理,更重要也更有意义的是探究网络空间治理的权力和责任应由谁所有和承担,以及通过什么方式实现网络空间的法治化治理等问题。

目前国际上关于互联网治理范式的研究主要集中在多利益攸关方主义和"数字宪政"主义两个层面。国际互联网治理工作组在世界信息社会峰会(WSIS)突尼斯峰会上提出了互联网治理的三大利益攸关方:政府、私人部门和社会公众(邹军,2015);多利益攸关方主义范式强调政府、私人部门、社会公众以及学者等在互联网相关审议、议程设置及政策形成过程中的参与(Bygrave et al.,2009),因而曾被认为是互联网治理的最佳途径。但因为此种范式没有很好地解释不同行为体间的权力分配关系和运作方式而受到质疑;在弥补以上不足的需求基础上,有学者引入分析性网络治理分析范式,对网络治理中行为体之间关系的本质进行了进一步的研究(钱忆亲等,2017)。在分析利益攸关方和它们之间的权力分配之外,也有学者提出需要对网络治理的基本原则做出清晰界定(Epstein,2009),提出"数字宪政"主义能够对互联网系列活动中的权力、规范和约束等做出清晰界定,并将数字权力和原则视为互联网治理的基础(Gill et al.,2015)。多利益攸关方主义和"数字宪政"主义的基本分析框架成为目前网络治理研究中常见的分析范式。

在国内学者的相关研究中,部分学者对国外网络治理经验加以研究,试图从中寻找到适宜中国的治理模式;有人从治理的价值取向出发,将全球的互联网政府治理分为网络自由主义、网络现实主义、网络管制主义和网络威权主义四种类型(尹建国,2015);有人提出了网络社会治理的三种理想模式:自由主义模式,社群主义模式和协商民主模式(曾润喜等,2012)。有人从具体治理方式出发,将各国对互联网的管制方式总结为国际联网出入口信道控制、专门立法管治和网络行业自律三种模式(李娜,2002);有人对美国、德国、新加坡等国的网络管理特征进行专门研究或对比研究,总结网络社会管理经验(苏丹,2004;张化冰,2011;谢新洲,2013;易臣何,2014)。在中国,网络社会治理的内涵不仅与互联网治理直接相关,也与"线下"的社会治理存在紧密联系。有学者认为社会治理广泛应用的三种理论范式——多中心治理理论、网络化治理理论、新公共服务理论——亦适用于网络社会治理(颜佳华等,2011);也有学者将网络治理分为共享的参与治理、领导组织治理和网络行政组织治理三种形式,实际运用中可根据其有效性条件选择相应的网络治理形式(唐秋伟,2012);有学者提出网络社会治理的现实路径是以网络社会存在机制为基础的规则重构,以虚实相宜为导向的网络治理安排,以及以网络法律为核心的法治网络建设三重路径(何明升,2016);还有学者提出"多中心治理、多层级治理、多维度治理"(吕本富,2012),以及"参与型、放松式、弹性化和服务型"(段忠贤,2012)的网络社会治理结构和治理模式。

(二)网络市场治理中的平台角色

与对网络空间治理的研究多关注于宏观层面的治理范式、治理理念、治理路径等方向性研究相比,国内对网络市场治理的研究更加务实,侧重于发现和解决网络市场治理中所遇到的现实难题,从更加微观、具体的角度对网络市场治理的实现路径进行理论探索。例如,针对网络市场治理现实困境,研究者多从网络经济的特征入手,分析政府市场监管部门因结构约束、人员限制、技术限制等因素产生的治理困境的症结所在;通过对网络经济活动的法律分析,揭示目前网络立法领域存在的立法混乱、立法效力层级低以及法律间相互冲突等问题(张效羽,2016),并为网络市场的有效规制提供法律建构建议(周汉华,2015;宋亚辉,2018);通过对政府市场监管模式转型及创新的研究,从技术应用、平台搭建到治理思维和治理体制转型等角度为网络市场的政府治理提供对策建议(陈国权等,2017)。还有更多研究针对产业细分领域,对具体市场领域如电子商务、网约车、网络音视频等行业运行中存在的问题进行集中分析与探讨,为其提供更具体的监管策略与立法建议。

但无论是对哪个监管层面、哪个行业领域的研究,都无法绕过网络平台而对网络市场治理进行深度有效的研究,网络平台及其背后的互联网平台企业成为网络市场治理相关研究的中心。从较早时期开始,研究者就开始尝试深度分析网络平台这一市场主体的组织形式,国外研究者在21世纪初就开始了对平台经济模式的研究(Rochet et al. , 2003;Armstrong,2006)。随着互联网平台企业在国内的崛起,国内学者也陆续对平台经济进行了系统的介绍与研究,具有代表性的是徐晋(2006)、程贵孙(2006)、李雪静(2014)等学者,他们就网络平台的双边市场特性、平台定价策略等平台竞争策略以及市场结构进行剖析;李凌(2015)等在此基础上进一步讨论了平台经济特性给政府规制模式带来的挑战;方兴东等(2017)对超级网络平台的定义做了界定并对其演进历程做了梳理,指出超级网络平台的治理已经超越了狭义的市场治理范畴,延伸到社会乃至国家治理的层面。

在研究平台的经济和市场特性的基础上,人们开始关注网络平台对其所构建的平台型网络市场的治理机制,探求网络平台如何开展网络交易的私人秩序治理,以及其中涉及的有效性问题和相关法律问题。在相关研究中,一部分研究关注网络平台生态中私人秩序治理的作用。吴德胜(2007)以 eBay 和淘宝为例介绍了电子商务平台交易中存在的关系型契约、在线声誉系统以及第三方中介等私人秩序机制,第三方中介在法律制度不完善的情况下创设出第三方支付、第三方托管以及在线争议解决等机制以保证交易顺利进行,并指出由于社会信用体系的缺失,中国的网上交易需要支付更多的交易成本;林建宗(2014)在总结电子商务平台在线声誉系统存在的缺陷的基础上,提出了涵盖声誉信息的收集、聚合、储

平台与政府

存、输出以及反馈的私人秩序治理框架,倡导以私人秩序为基础的平台型网络市场治理。还有一部分研究关注平台规则的生成及其效力机制。孟凡新等(2017)认为市场结构和技术对网络平台的赋权使平台具备了规则制定的权威和规则推动的强制力,平台可以在利用平台规则保障市场交易契约执行的同时,使自身的市场权力反复得到强化;解志勇(2017)分析指出网络平台在进行规则制定以及运用平台规则进行内部管理和纠纷裁决时,其相关权力实际上具备了准公共权力的性质;孟兆平(2017)就"网规"的内容体系化以及如何与既有市场规则协调展开了研究,指出趋同化、生态化和社会化是未来网规体系化的发展趋势。

除了对网络平台自身私人秩序治理机制的研究之外,研究者还对网络平台在市场治理中的责任和义务展开了研究。一部分研究针对网络平台应承担哪些责任进行了探讨,如曾福城(2017)认为网络平台责任应包含审查监管、协助配合、安全保障以及行业自律等内容。而更多的研究则从法律视角出发,尝试对平台治理责任及相关义务进行法律定位,如解志勇(2017)从平台责任的行政法原理、平台责任在我国法律法规中的具体表现、平台责任和义务的类别等方面对网络平台责任进行了宏观层面的法律分析;高秦伟(2014)从网络平台作为行政法意义上的第三方需承担的义务角度,对立法者如何在合理的范围内确定第三方义务,以及政府如何监督第三方义务的履行等问题展开了研究,认为是否选择第三方义务取决于作为承担者的私人主体能否接受违法行为的成本。此外,关于平台在网络市场治理中应承担的责任和义务,柴振国等(2017)就网络平台提供者的注意义务、马晓明(2017)就网络服务商的删除义务、裴炜(2018)就网络服务提供者的协助执法义务等进行了具体的研究与探讨。

网络平台在网络市场治理中的重要作用和关键地位,使网络平台与政府之间的关系及其在网络市场治理中扮演的角色变得日益重要。在网络市场的规制问题上,一方面,政府面临着如何在保护创新与进行规制之间寻找平衡点的困境(高秦伟,2017);另一方面,在政府信息和控制力优势式微的情况下,无论是完全的政府规制还是平台自我规制都无法达到理想的治理效果。在这样的情境下,政府和平台合作治理成为学界普遍认同的网络市场治理进路。因此除了少数学者针对政府与平台间的冲突与博弈展开研究外（例如对网约车市场中政府与平台间权力与权利博弈的研究）（盛学军等,2017）,多数学者专注于政府与网络平台合作治理的研究方向:匡文波等(2016)指出理想的合作规制中,专业化私人部门的参与使互联网规制在具备了专业性、灵活性、低成本优势的同时,仍保有了法律的强制力,能够实现合法性与有效性的融合;汪旭辉(2015)基于对阿里巴巴集团的分析,认为以政府与平台为市场治理双元主体的管理范式是平台型网络市场治理的发展趋势;孟凡新(2015)提出了由政府规制的外生秩序、网络平台内部规则秩序和交易自组织内生秩序构成的"多圈层、差异化"的治理结构;李洪雷(2017)认为未来互联网的规制应建立起一个能充分发挥政府规制和企业自我规制各自比较优势的规制体制;刘绍宇(2018)从规制路径和规制工具两个层面对互联网合作规制的具体表现进行了分析。

总体来说,在对网络市场治理中网络平台角色和作用的相关研究中,法学领域的研究走在前列,以对网络平台的行政法义务界定、网络交易规则的立法建议等为主。在对市场治理中政府与平台企业的合作治理研究中,多数研究对双方合作治理的原则和方向进行了论述,对双方合作的基础、合作的具体机制以及博弈与冲突等关注较少,并且缺乏足够的研究深度。

五、总体性评论

近年来规模迅速扩大的网络市场使人们不得不开始关注网络市场的规制问题。网络市场作为一种新的市场组织形式,一方面,还没有完全脱离传统市场所依托的主体要素;另一方面,又因互联网的跨时空特性而打破了传统市场的地域限制。基于传统市场所形成的规制理论为网络市场的规制和治理提供了有益借鉴:一方面,制度压力下的企业战略行为所涉及的企业合法性机制选择、企业政治行为以及企业社会责任等相关研究为互联网企业在面临以政府规制为代表的外部环境制约时的策略反应和政企互动策略提供了多样化的分析视角;另一方面,强调多元主体参与的治理理论及其相关理论在网络空间和网络社会问题治理中找到了用武之

平台与政府

地,为网络治理中互联网企业主体的参与提供了多学科的视角和辩证化的学术观点。尽管如此,由于网络市场尚处于快速发展的起步阶段,对其研究多数流于表面现象的分析,缺乏理论深度,特别是对平台型网络市场的规制还未引起学界足够的重视。具体而言,主要存在以下三方面问题。

第一,从研究背景上看,我国的网络市场治理需进一步拓展本土化的研究空间。互联网源自西方,掌握着全球互联网地址分配权的根服务器仍由美国管理,因此在关于网络社会的缘起和认识、网络公共领域的拓展以及网络空间规则的制定等问题上,西方研究起步较早并且形成了较为完善的理论体系。但值得注意的是,大数据及云计算技术的快速革新以及互联网经济的爆发式增长发生在近几年时间内,一方面,中国和其他西方国家一同站在了大数据时代的起跑线上,甚至在网络经济层面处于领跑地位,对不断涌现的新问题没有先验的解决办法;另一方面,网络市场深深根植于现实社会,中国现实社会结构的复杂性和权力体系的独特性决定了中国网络市场治理需走中国特色的治理进路。从网络市场治理中平台与政府间的治理关系探究网络市场法治化治理的实现进路,是网络市场治理本土化研究的可取视角。

第二,从研究内容上看,网络市场规制需要更深入的整体性研究。对待网络市场和互联网经济究竟是进行保护性放松规制还是进行严格规制,在研究者和实践操作者经历了一番争论和规制实践之后,网络市场规制已成为共识。但在目前的相关研究中,关注互联网平台企业市场结构、经营模式、竞争机制和定价策略等经济性特征的研究较多(陈翔等,2003;曲振涛等,2010;姜奇平,2017),关注平台型网络市场社会性规制的研究相对较少;在已有的对网络市场社会性规制的研究中,又多是从法律建构角度对网络平台的第三方义务、注意义务等法律责任定位进行探讨和研究(高秦伟,2014;柴振国等,2017),从政府和平台等治理主体间的互动等中观层面开展的公共治理层面的研究较少。即便是从公共治理角度出发进行的研究,也多是从政府对网络市场的治理方式或是从平台对其平台型网络市场的自我治理的单一主体角度对网络市场治理进行研究,而缺乏将政府和平台纳入同一治理框架的整体性研究。随着网络平台在网络市场治理中发挥的作用越来越大,更加深入的整体性研究将是网络市场治理研究的需要。

第三,从研究方法上看,网络市场治理中的政企合作共治需要更多实证研究的支持。西方学者在进行网络市场特定领域的研究时,往往采用案例研究的方法对具体事件和过程加以分析。由于网络市场治理相关研究起步较晚,目前国内对网络市场治理的研究大多基于对现象的定性分析和理念的阐述,只有少数文献采用了比较研究、案例研究等研究方法,即便是案例研究,也缺乏对治理主体间权力运作和互动过程的深入研究。我国阿里巴巴、腾讯等超级网络平台的发展和治理实践为网络市场的治理研究提供了丰富的实践素材,基于我国网络市场治理实践进行的案例研究,以及引入博弈论研究方法进行的政企互动研究,是网络市场政企合作共治研究的可行方向。

总体而言,当前学界对网络市场规制中政企合作共治的研究还处于较为浅显的层面,对政企合作的动机、合作机制如何建立、合作机制的稳定性等还缺乏深入的阐释和机理剖析。本书旨在立足中国的网络市场治理实践,以政府市场监管部门和互联网平台企业的合作共治为视角,从合作治理模式、治理机制的形成以及稳定性等不同层面对平台型网络市场的政企合作共治机理进行深入剖析。

第二节 研究设计

一、框架与思路

(一)企业组织研究与政治社会研究

在企业组织管理与企业战略研究中,结构、制度与战略一直是研究所关注的核心。在企业得以成功的经典 7S 模型中,战略(strategy)、结构(structure)与制度(system)被认为是核心的硬件要素(Peters et al.,

平台与政府

1982)。除了企业组织演进所关注的内部制度之外,制度经济学十分重视外部制度环境对企业的影响,抑或是市场关系对制度环境的"嵌入"特征,威廉姆森(1996)在对组织治理机制的研究中引入了制度环境、治理结构和个体行为三个要素,并对三者间的相互作用与影响进行了探究;钱德勒(1990)则着重关注了组织战略与组织结构的相互影响和塑造过程。制度环境、组织结构与企业战略一同占据着组织治理研究领域的重要地位。

但在企业组织治理的相关研究中,政府的行动和影响作为制度环境的组成部分而成为企业组织治理的外部影响因素。而在政治社会研究领域,学者普遍认为市场作为一种社会建构本身就反映了企业和国家之间的独特互动(Fligstein,1996)。在政治社会研究领域,结构功能主义曾风靡一时,并以对正式结构和制度的关注而形成"结构—制度"分析范式(张静,2000);随着我国市场转型,本土化研究对关注非正式因素以及市场转型的"实践层面"产生需要,"力图将所要研究的对象由静态的结构转向由若干事件所构成的动态过程"的"过程—事件"分析范式应运而生(孙立平,2001);而关注静态结构还是关注动态过程引发了学界围绕"均衡与冲突、整体与个体、宏观与微观"的长久争论,寻找两者的中间地带成为政治社会研究领域的趋势。在此基础上,吴晓林(2017)提出了基于中观层面的"结构—过程"分析范式,认为"结构就是行动主体间结成的大小、强弱不等的关系,过程则是不同行动主体,围绕权力获取、资源配置、权力行使等要素进行的博弈和互动",以期通过结构与过程的分析实现宏观结构与微观经验的链接。

(二)分析框架

在互联网平台企业与政府的合作治理模式研究中,需将二者作为行动主体纳入同一分析框架,对其合作治理模式的形成机理进行研究。政府作为市场中一个永远在场的行动者,既不能单纯地把它作为企业外部制度环境的背景因素,也不能抛弃互联网平台企业的有效能动性而以政治过程论诉诸治理机制的分析。

因此在对"平台—政府"双层治理模式形成机理的分析中,一方面,参考组织治理研究中的"制度—结构—战略"分析框架,基于一切力量关系都是权力关系,市场格局、结构变化背后离不开权力运作和权力主体之间的互动,选取权力结构和策略逻辑两个中观与微观相结合的视角对治理模式的构成基础进行分析,制度变迁、社会转型等制度因素作为宏观的、外在的影响,体现在影响权力结构形成和策略逻辑选择的分析过程之中。另一方面,在对权力结构和策略逻辑的分析中,借鉴了政治社会研究中的"结构—过程"分析范式,具体而言体现为:首先,结构设定行动框架,政治主体为社会、市场主体设定了诸多行为规则,网络市场治理的权力主体之间存在着控制与相互依赖的关系,网络市场权力结构的形成也是行动者冲击既有结构、重组行为准则进而获得新的结构平衡的行动过程。其次,过程连接行动与结构,既正视网络市场治理中行动者的自主性,切入对具体策略选择的行动过程的分析,又保持一定的抽象能力,使微观的组织个体行动与宏观理论对接。最后,结构与过程相互依赖,网络市场中行动主体受制于既有结构来选择行动过程,而行动过程的变化也能形塑新的组织形式和结构,进而改变行动者的选择偏好,结构与过程在网络市场治理机制中存在互构互赖的关系。本书通过对制度背景、结构约束、权力变迁等因素的深入分析挖掘出权力关系在网络市场中的作用机制,进而通过对政府和平台行为策略选择过程的分析,阐明网络市场治理结构的形成机理,并进一步对结构的稳定性进行分析与讨论。具体分析框架如图1.1所示。

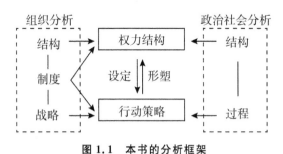

图 1.1　本书的分析框架

二、研究方法

(一)比较分析法

比较分析法就是将同一个问题置于不同的场域或时期进行研究的方法。网络市场作为新兴事物既有与传统市场一脉相承之处,又有其"新"的特征,因此适宜采取比较分析法对其展开研究。本书多处采用了比较分析法,例如在阐释何为"平台—政府"双层治理模式时,通过其与政府购买服务、行业协会治理以及国有企业治理等不同时期、不同模式下的市场治理机制的比较分析,更直观地展现"平台—政府"双层治理模式的特征;通过对现实社会与网络社会、传统市场与网络市场的不同场域的权力结构的横向对比分析,更直观、深刻地展现网络市场权力结构的变化和形成过程。

(二)历史分析法

历史分析法主张采用发展、变化的视角对客观事物和社会现象进行分析,通过纵向研究把事物发展的不同阶段加以联系和比较,厘清实质,揭示发展趋势,从发展过程中发现问题,提出符合实际的解决办法。本书在对市场监管部门进行网络市场治理的监管历程研究中,采用历史分析法对市场监管部门自身改革脉络及其对网络市场治理的措施进行了梳理,以呈现网络市场兴起过程中,市场治理需求对行政改革提出的要求,以及政府既有权力结构与快速的市场变化之间的矛盾。

(三)模型建构与数值仿真法

模型建构是对客观世界规律的抽象表达,在社会科学领域,建构理论模型对厘清事物发展的逻辑关系和内在机制、凸显主要矛盾有重要作用。本书在第四章基于对网络权力的历史追溯和理论考察,从由传统市场向网络市场演变的视角,构建了网络市场权力格局形成中权力的"映射—衍生—转移"理论模型,勾勒出网络社会相比传统社会的权力结构变化;第六章构建了"平台—政府"双层治理的演化博弈模型,通过建立网络平台与政府监管部门在对待电子商务平台商家售假行为时的不同监管策略下的博弈模型,对有限理性假设下的平台与政府的群体行为进行演化博弈分析,进而对当下网络市场治理中"平台—政府"双层治理模式的稳定性进行论证。在模型分析的基础上,借助计算机编程技术和 Matlab 软件,对构建的理论模型进行数值仿真,以图像或数据的形式,更为清晰、直观地展示平台与政府双方的博弈过程与稳定性情况。

(四)实地调研与案例研究

本书的研究主题源自笔者对浙江省工商管理局、杭州市市场监督管理局、阿里巴巴集团、杭州市公安局信息经济分局、杭州互联网法院等单位的实地调研,以及为期一年的资料积累与观察工作。在此期间,多次前往相关治理部门和在杭互联网平台企业开展调研,并持续参与网络市场监管法治化课题研究。在此过程中辅以访谈等调研形式,掌握了较为翔实的第一手调研资料。在此基础上,在第五章对平台与政府监管部门的合作策略分析中,引入网约顺风车平台安全事件以及电商平台打击网络违法犯罪两个现实案例,对"平台—政府"双层治理模式的共治机制和策略逻辑进行现实说明与案例验证。

三、基本结构和框架

本书共分八章,具体安排如下。

第一章是导论。本章主要介绍选题的背景和研究主题,并通过对已有相关研究的述评,对研究进行一个理论定位。其他还包括对基本概念的界定,对研究目标和研究内容的简要陈述,对研究思路和研究框架的说明等。

第二章是对网络市场治理情况的介绍。本章对网络市场相关概念进行了解析阐释,并对我国网络市场治理的发展历程和网络市场中存在的治理困境进行了梳理和分析。

第三章是对"平台—政府"双层治理模式的解析。本章通过平台治理与政府治理的比较研究,阐释了"平台—政府"双层治理模式的内涵与治理架构,并对"平台—政府"双层治理模式进行了全景式描绘与特征勾勒。

第四章和第五章着眼于分析"平台—政府"双层治理模式的形成机理。第四章从权力结构的视角探究了网络市场"平台—政府"双层治理模式的形成逻辑,考察了网络市场治理中权力结构的形塑以及网络平台参与网络市场治理的权力基础;第五章从政府与互联网平台企业组织策略与行为动机的角度,考察了"平台—政府"双层治理模式中政府与互联网平台企业的策略逻辑。

第六章是对"平台—政府"双层治理模式的稳定性分析。本章运用演化博弈论的分析工具,以政府和电子商务平台对平台商家售卖假货的治理为例,对群体层面进行了治理决策的动态演化分析。

第七章是网络市场有效治理体系构建路径。在前述研究的基础上,本章从政府层面的治理转型、政企层面的协同治理以及网络平台的权力控制等角度提出了未来网络市场的治理思路。

第八章是结论和展望。本章对本书研究进行了总结,并对未来可进一步深化的研究方向进行了展望。

本书的技术路线如图 1.2 所示。

四、主要创新点

网络市场治理问题出现的短近特性,以及市场治理的强实践性特征,导致目前对网络市场治理的研究大多专注于实务层面。本书立足于网络市场治理的治理结构层面,构建了"平台—政府"双层治理模式的分析框架,以期对目前相关研究的缺口做部分补充,主要创新点有:

第一,提炼出网络市场治理的"平台—政府"双层治理模式,从治理架构、权力结构、战略选择等角度对当下网络市场中普遍存在的政府与网络平台共同治理的现象进行了总结、概括与提炼。

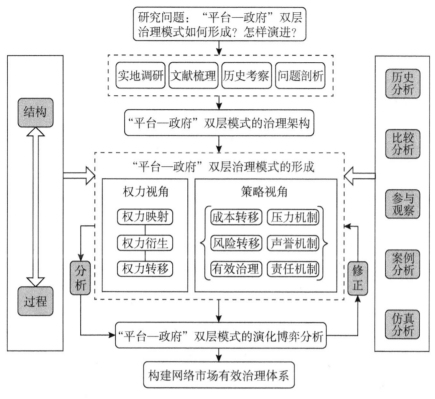

图 1.2　本书的技术路线

第二,将政府主体(市场监管部门)与企业主体(互联网平台企业)两类不同的治理主体纳入同一分析框架中,摒弃了已有研究中单纯从政府或网络平台角度展开分析的局限性,提升了网络市场治理体系研究的整体性。

第三,提供了一个研究网络市场治理的"结构—过程"视角,不仅包括对网络市场既有治理结构的静态考察,还包括对权力结构的形成过程以及行动策略的形成逻辑的动态分析,并对治理主体之间的互动和博弈过程进行了分析,为认识网络市场治理提供了静态和动态相结合的研究思路。

平台与政府

第四，超越了传统博弈理论中以个体为分析对象、基于完全理性假设的分析方式，运用演化博弈论理论工具，以有限理性为基本假设，将网络市场治理的多种现实情况纳入分析框架中，对群体层面的博弈演化情况和"平台—政府"双层治理模式的稳定性进行分析，并使用 Matlab 软件进行数值仿真，以揭示在何种情况下该治理模式将趋向稳定，为实际治理提供参考。

第二章　网络市场治理:概念、演进与问题

　　随着信息技术短时间内在全球范围内的快速发展和互联网在现实应用中的迅速普及,中国得以一改以往的追赶者形象,与西方发达国家共同站在了"网络经济"的起跑线上,甚至隐约呈现出领跑势头。中国独特的市场环境、政企关系及文化传统等,都为中国的网络经济发展提供了独一无二的土壤。与此同时,中国在网络市场治理中也面临着更复杂的矛盾和更艰巨的挑战,底层社会信用体系的缺失、制度和法律建构的滞后以及社会公众对"无限责任政府"的期待,使政府在网络市场治理中面临重重困境。与此同时,互联网平台企业作为网络市场中的主导力量,不仅在制定网络市场竞争规则、建构网络市场竞争格局中发挥了重要作用,其凭借平台特性、规模特征及技术优势等在网络市场治理中发挥的作用也日益凸显,成为实际参与网络市场治理的重要力量。而政府与互联网平台企业在网络市场治理中的关系与互动,也受到越来越多的研究者的关注。

　　本章对网络市场治理的相关概念进行了解析阐释,并对我国网络市场治理的发展历程和网络市场中存在的治理困境做了梳理和分析。在网络市场治理的现实困境下,互联网平台企业应在多大程度上承担治理责任?政府与互联网平台企业的治理力量该如何分配,又该如何合作?政府和市场的新的边界如何界定?这些都是网络市场治理中需要厘清和解决的问题。

第一节　相关概念界定

一、网络市场

我国网络市场源起于 20 世纪末国内电子商务的萌芽和发展,最初互联网仅作为在线撮合交易的载体,后来发展成集成全产业链、经济模式多样、业态丰富的全球性网络市场。网络市场以现代信息技术为核心,以经济活动在线化为主要特征,涵盖了以 B2B、B2C、C2C 为代表的电子商务,以信息服务为特征的搜索引擎与各类网站,以在线社交为目的的即时通信与社交网站,以及近年来呈井喷式发展的共享经济等细分市场。与传统市场相比,网络市场具备以下特征。

(一)虚拟性、全时性与无界性

网络空间是建立在物理架构与协议架构之上的虚拟空间,网络行为通过代码实现控制与传递,人与人之间的交往摆脱了面对面的场域限制。网络市场的虚拟性意味着原本依托于建筑物、地址、实物商品和货币的买卖方式转化为通过网页、图片、电子货币进行的在线交易,无店铺经营为网络市场带来了更大的灵活性。网络市场的全时性意味着全天候经营使网络市场摆脱了时间限制,相比传统市场的营业时间限制,网络市场在延长交易时间、节省人工成本等方面具备更多优势。无界性意味着网络市场摆脱了传统市场被经营范围的限制,商品与服务的销售不再有区域的界限甚至不再有国界,网络市场的无界性在为商家提供无限商机的同时,也促进了全国性统一市场的形成。

(二)规模集聚性

相比传统市场,网络市场的本质功能是将分散于各地的零散需求聚合成集中的购买力,从而形成规模经济。此外,网络市场的规模集聚性还表现在网络交易环节的集成上。网络市场交易网络不仅集聚了同行业、不同行业的买方、卖方与服务商,同时还集成了金融服务与电子支付、洽谈与咨询、供应链管理与应用、物流与运输等完整的市场交易环节,不仅将零散的资源整合起来,中间环节的减少和流程的缩短也大大提升了市场交易效率、节省了交易成本。

(三)竞争的充分性

传统市场囿于地域空间,其市场渠道都是由实体组织和联络关系建立起来的,呈点状或线状分布。市场渠道的有限性使得企业往往选择通过拓宽市场渠道来占领更大的市场空间。网络市场的建立基于无数节点相连构成的网络空间,每个移动终端都可能成为用户入口,从而使网络市场的市场渠道呈现出由无数节点汇集而成的面状,使企业在网络市场中面临的竞争更加充分。低廉的价格、快速的产品及技术创新和对个性化需求的更好满足成为充分竞争环境下取得竞争优势的关键。

尽管我们在讨论时将市场二分为网络市场与传统市场(实体市场)或者线上市场与线下市场,但无论是在学界还是在实际情形中,网络市场与传统市场的边界都是模糊的,很难对二者进行严格清晰的界分。网络市场与传统市场之间存在着一定程度的独立性,但虚拟与现实的密切融合、线上与线下的难以切割使我们很难抛开实体去谈论网络市场,离开了真实的线下市场,资本、技术、就业、消费就会成为空话。在某些场景下,网络市场与传统市场之间还存在转化关系,传统市场中的企业可以凭借其成功的互联网战略占据网络市场,网络市场中的电商企业也可以凭借用户消费习惯的养成进一步覆盖线下渠道,使得网络市场与实体市场彼此交互,难以界分。

二、互联网平台企业

目前,互联网平台企业已成为网络市场中占据主导性的企业形式,经营网络平台是互联网平台企业区别于其他类型企业的本质特征。学界对网络平台的概念界定表述较多,大多围绕网络平台的架构、经营特征、市场特性以及盈利模式等展开。例如,曾福城(2017)将网络平台定义为"通过互联网技术在网络设施上存储、链接或者传送来自第三方的商品或服务内容的信息网络系统",认为网络平台最显著的特征在于并非直接销售商品或服务,而是立足于商品或服务的供应侧和需求侧中间,成为二者的连接点。阳镇(2018)认为,在网络市场中,互联网平台企业所链接的供给侧不仅包括常规意义上的企业用户,还包括平台所集成的大量中小商户以及个体经营者,对分散的、个体化的供给资源的集成,是互联网平台企业给网络市场带来的重大改变(见图2.1)。在网络市场中,平台企业为供求双方提供信息空间、撮合市场交易、降低交易成本、提升交易效率(李凌,2015)。

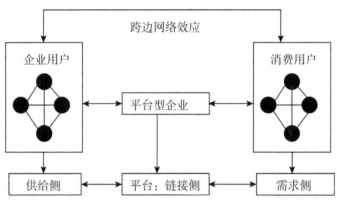

图2.1 互联网平台企业的基本构架

互联网平台企业的特殊性在于,每个互联网平台企业,在某种程度上来说其本质都是一个市场,平台企业被认为是"市场的具化"(徐晋,2013)、"市场型企业"(冯明,2018)和"市场组织者"(汪旭辉,2015),地域意义上无界性的网络市场实际上被平台企业分割为一个个相对独立的细分市场,买卖双方基于平台契约和规则进行交易,持续演化进而形成平台型网络市场。

平台型网络市场的迅速发展得益于以下效应:一是网络效应。网络效应是互联网经济最重要的属性特征之一,它意味着某种产品对某一用户的价值取决于使用该产品的其他用户的数量,当产品的用户基数达到一定数量后就会对用户产生锁定效应,锁定效应将增加用户更换产品的转移成本(Farrell et al.,1967),最终使"先下手为强"和"赢者通吃"成为网络市场中的竞争法则。二是双边市场效应。网络平台连接交易双方的架构使平台型网络市场具备双边市场特性,呈现出交叉网络外部性效应、价格杠杆效应以及市场学习效应等特征。在平台型网络市场中,平台一边用户加入或使用平台的收益取决于另一边用户的数量和质量,反之亦然(Armstrong,2006)。网络效应与双边市场效应的叠加使得互联网平台企业能够迅速获取网络市场竞争优势实现飞速发展,形成有别于传统市场的市场生态,在改变市场格局的同时也对网络市场的治理格局产生影响。

在网络效应与双边市场效应的影响下,平台型网络市场呈现出单寡头竞争性垄断的市场格局。网络效应使消费者在网络市场产品同质化程度较高、市场竞争充分的前提下仍然对某一特定的厂商产生依赖,以致网络市场同质产品竞争中向某一产品集中的程度非常高;双边市场效应使网络平台的双边用户相互增进,进而形成双边用户对平台的共同依赖,使大的互联网平台企业向寡头演进。在单寡头竞争性垄断市场中,技术或商业模式的竞争替代了产品的竞争,市场中寡头垄断与充分竞争并存,平台寡头与众多互联网企业共生,平台寡头负责构建网络市场生态体系并具有强大的市场势力,其他众多互联网企业负责从满足消费者多元化需求、进入细分市场拓展生存空间并扩大市场规模(傅瑜等,2014)。

在单寡头竞争性垄断的市场格局下,拥有强大市场势力、对传统产业发展模式形成变革与颠覆的平台寡头进入人们关注的视野。综合已有研究,本书将这样的互联网平台企业称为超级网络平台,指代集聚全球十亿级高黏度活跃用户,已经成为重要的信息基础设施,具有强大的动员能力与产业支配地位并且仍在持续扩张的网络平台(方兴东等,2017)。目前,这些超级网络平台主要集中在美国和中国,包括美国的社交平台Facebook,跨境电商平台 Amazon,以及新兴共享经济平台 Uber 和Airbnb,中国的 BAT(百度、阿里巴巴、腾讯)以及滴滴出行等共享经济平台。在中国,以 BAT 为代表的超级网络平台业务已经几乎覆盖整个网络市场,并通过投资、并购等一系列资本运作渗透进互联网行业的方方面面,我们所熟知的饿了么等外卖平台、哈啰单车等共享单车平台等等,背后都有 BAT 的身影。中国互联网络信息中心(CNNIC)发布的第 41 次

《中国互联网络发展状况统计报告》显示,截至 2017 年 12 月,在我国境内外上市的互联网企业数达到 102 家,总体市值为 8.97 万亿元人民币,其中,BAT 的市值之和占总体市值的73.9％。如此巨大的市场占有率、产业覆盖率和用户数量,使超级网络平台在网络市场中扮演的角色超越了传统市场中的大企业集团,庞大的用户数量和经营规模使它们不仅成为资本巨头,也成为数据巨头与技术巨头,不仅对网络市场格局的架构、治理规则的建立产生重要影响,对社会治理也产生了不小的冲击。同时,其与政府之间的关系也超越了传统政企关系的范畴,为政企关系和网络市场治理带来新的变革。

本书的研究围绕我国 BAT 等超级网络平台在网络市场治理中的角色展开,为保证概念的一贯性并遵守学界的应用习惯,本书仍使用"互联网平台企业"这一称谓,下文提及的互联网平台企业、平台企业、网络平台等,均指代以百度、阿里巴巴、腾讯等为代表的超级网络平台,特此说明。

第二节　我国网络市场治理的演进历程

我国网络市场治理的演进历程是伴随着网络市场的萌芽、成长、成熟和革新而同步发生的,在不同时期,网络市场治理的重点内容、治理主体、治理手段、法律建构等都因网络市场的发展情况而有所不同。根据以上因素,本书将网络市场治理的演进历程分为起步阶段、成长阶段、优化阶段和转型阶段四个阶段。

一、起步阶段(1996—2001 年)

20 世纪 90 年代,我国接入互联网商业服务,开始了互联网的应用发展之路。1996 年,中国国际电子商务中心成立,同年,中国第一笔网上交易完成,我国网络市场进入萌芽阶段。随后,经过数年尝试与积淀,我国网络市场先是经历了 1999 年"电子商务元年"的迅猛发展阶段,电子商务交易网站 8848、阿里巴巴、易趣网、当当网等相继成立,中国电子商务真正从概念阶段进入了实质性的商业应用阶段。随后,又在 2000 年受到美国互联网泡沫破灭的影响,一批商业网站遭受重创,同时更多的网站经营者拨开泡沫的迷雾,开始在冷静中寻找中国互联网市场新的方向。

在这一时期,我国的网民规模虽然一直高速增长,但大多数仍停留在利用互联网浏览新闻网页和使用电子邮箱服务阶段,较少涉及网络交易。CNNIC 发布的第 8 次《中国互联网络发展状况统计报告》显示,截至 2001 年 6 月,我国上网用户人数约 2650 万人,其中曾通过网络购买过商品或服务的人数仅占网民总人数的 31.9%,尚未形成规模气候。因而在这一时期,政府的精力主要集中在互联网基础设施建设上,围绕信息化建设、互联网管理的基本原则和信息安全保障等基础法律环境问题开展工作。1996 年,国家成立国务院信息化工作领导小组,确立了信息化在国民经济和社会发展中的地位,提出了信息化建设的方针和原则。随后几年,领导小组组织了一系列信息化发展相关的立法研讨,并根据实际发展中出现的一些问题制定了一系列促进信息化发展的政策和规划。在互联网管理方面,1996 年,国务院发布了《计算机信息网络国际联网管理暂行规定》,对互联网的接入服务和经营许可进行规定;随后国务院及相关部委相继发布了《计算机信息网络国际联网管理暂行规定实施办法》《中国互联网络域名注册暂行管理办法》《互联网信息服务管理办法》《互联网电子公告服务管理规定》等管理办法以及新闻广播、药品等行业的管理规定。在信息安全方面,相继出台了《计算机信息系统安全保护条例》《计算机信息网络国际联网安全保护管理办法》等法律法规。

这一时期,在涉及网络市场交易监管上,基本沿用 20 世纪 90 年代市场经济建设时期所制定的各项市场规制法律,如《公司法》《广告法》《反不正当竞争法》《商标法》《消费者权益保护法》《产品质量法》《食品卫生法》等,大多数并未对网络市场商业活动进行明确的规定。面对网络市场中不断产生的各种问题,实务管理部门和学界也积极调研探索,提出了许多针对网络市场的监管手段理念和相关行业的立法建议。在对具体的涉网案件纠纷处理上,最高人民法院也出具了诸如《最高人民法院关于审理涉及计算机网络著作权纠纷案件适用法律若干问题的解释》(2000 年 11 月

22 日最高人民法院审判委员会第 1144 次会议通过）等司法解释，以应对日益增多的网络商业活动权益纠纷。

二、成长阶段（2002—2007 年）

2002 年以后，经历了互联网泡沫的电子商务市场开始回暖，我国电子商务网络市场进入快速发展的轨道，涌现出当当、卓越、阿里巴巴、京东等一系列占有高市场份额的电子商务企业。2003 年，阿里巴巴成立淘宝网并推出支付宝作为第三方支付平台，对未来电子商务的大发展产生巨大推动作用。其间还接连发生了 eBay 收购易趣网、亚马逊收购卓越网、阿里巴巴收购雅虎等一系列影响深远的资本并购和市场整合事件。在这一时期，大部分 B2B 行业电子商务网站开始实现盈利，一批互联网企业成功上市；大批网民开始接受网络购物这种消费方式，形成巨大的市场潜力，电子商务迎来发展机遇，我国网络市场进入高速稳定发展时期。

市场快速发展、规模迅速增大的同时，也意味着各类新问题的迭出和管理模式变革需求的急增。这一时期，我国网络市场监管局面产生了以下几方面的变化。

（一）立法进程加快，多部门"齐抓共管"

党的十五届五中全会把信息化建设提升到国家战略高度，随后国家信息化领导小组经历两次重新调整和组建，我国互联网领域立法加速进入集中立法阶段。在《互联网信息服务管理办法》等上位法基础上，各部委积极开展规章立法，为确立更为详细的监管规范提供法律依据，在文化、新闻、教育、出版、食品药品等行业以及电子政务、信息安全等领域陆续出台了一批管理规定，建立了全面的互联网内容监管制度。通过部门立法，各部门划定了各自的监管边界，部门之间合作与竞争并存，一方面形成了"齐抓共管"全面开展互联网治理的局面，另一方面也产生了多头管理、边界不清、管理重叠、规则相互矛盾以及责任互相推诿等问题。

在电子商务领域，2004 年 8 月，全国人大常委会通过了《电子签名法》，成为我国电子商务和信息化领域第一部专门法律。该法确立了电子签名的法律效力，明确了认证程序，并且规定了电子签名相关的安全保障措施，为我国电子商务交易的安全和信用体系的建立奠定了重要基础。随后，《电子签名法》的配套规章以及电子支付、网上证券交易等相关的管理办法也陆续发布实施。2005 年，国务院办公厅发布《关于加快电子商务发展的若干意见》，随后商务部出台了一系列指导网上交易、促进电子商务发展的规范，推动电子商务规范发展。

（二）地方性探索先行，推动经营主体监管

在此阶段，制约网络交易群体规模进一步扩大的因素在于消费者对网络交易安全性、真实性和质量保障的担忧，建立消费者对网络商家的信任是推动网络市场进一步发展的关键。作为市场监管主体，工商管理部门在这一时期积极介入对网络市场的监管，对电子商务主体和电子商务行为进行了许多地方性的监管探索，为后续全国性立法提供了试验性实践。早在 2000 年，北京市工商局就以对经营性网站进行备案登记管理的方式，开启对电子商务经营主体的监管尝试。2000 年，北京市工商局发布《经营性网站备案登记管理暂行办法》，初期以自愿备案的形式对网站及网站经营者情况进行登记，并以红盾作为备案标识。2004 年，进一步出台《经营性网站备案管理办法》，对辖区内开办的经营性网站实行备案管理。类似的还有《上海市营业执照副本（网络版）管理试行办法》《福建省因特网站经营管理暂行办法》等，各地先后开启对网商经营主体的监管。在推动主体监管的同时，电子商务发展迅速的地区也在积极推进地方性的电子商务立法，2004 年广东省出台《广东省电子商务交易条例》，成为我国第一部地方性的电子商务法规。

（三）立法思路意见不一，网络市场在宽容中成长

进入 20 世纪以来，我国加快了互联网方面的立法进程，此时业界也就网络经济领域是否要快速跟进立法展开了激烈的争论。持急于立法观点的人认为完善的网络立法是保障网络安全、规范网络行为、发展网络经济的需要，政府应积极介入互联网的规制，承担起网络治理的责任；持暂

缓立法观点的人则认为,互联网本身就是一个如哈耶克所言的自发秩序的典型,政府过多地规制将扼杀网络经济的发展活力,使我国错过网络经济发展的最好时机。实际上我国在此阶段的互联网相关立法大多是基于促进其发展的目的而进行的,特别是在网络市场交易监管方面,"工商行政管理进军网络经济"服务于经济发展的最终目标,有效的经营者权益保护和市场秩序规范的确对网络市场的进一步发展至关重要。而对于已经制定的网络市场相关法律法规,各级行政部门在执行时也不约而同地采取了谨慎态度,"睁一只眼闭一只眼""半默许"是监管部门的常态。中国的网络市场也正是在这种一边积极加快立法进程,一边谨慎宽容执法的规制环境中,充分挖掘市场潜力,抓住机遇,获得了飞速的发展。

三、优化阶段(2008—2013 年)

2008 年之后,我国网络市场真正进入群雄逐鹿、纵深发展的优化阶段。以支付宝为代表的第三方支付平台破解了网络交易中的信任问题,这一年,网络购物用户规模达 8000 万人,网络购物交易规模突破千亿元,增速超过 130%,仅淘宝一家就实现了 999.6 亿元的交易规模。受 2008 年金融危机的影响,国内电子商务成为电商细耕国内市场、发展内贸、挖掘消费潜力的新战场,不仅涌现出许多生于互联网长于互联网的纯电商企业,以苏宁、国美为代表的许多传统行业资本雄厚的大企业集团也借电子商务的东风开始将业务范围拓展到互联网,成为纯电商企业的有力竞争对手,网络市场呈现出巨大的市场潜力与激烈的竞争态势并存的局面。与此同时,互联网企业纷纷意识到网络技术革新对在激烈市场竞争中获胜的重要性,快马加鞭投入新技术研发,积极涉足云计算等领域。在经历了谷歌退出中国市场、阿里与雅虎股权纠纷以及腾讯"3Q"大战之后,中国网络市场 BAT"三足鼎立"的局面基本形成。

体量和规模成倍扩大的网络市场,不仅实实在在地改变了人们的生活消费方式,也不断滋生出许多新的问题,给市场治理带来相当大的挑战。这一时期的网络市场治理,呈现出以下特征。

(一)管理架构重组,部门职责明确

互联网监管本身涉及多个部门,而部门间的各自为政又使网络市场监管出现多头管理现象。2006 年,中央统一部署开展互联网站清理整顿工作,印发了《互联网站管理协调工作方案》,对涉及互联网监管的 16 个部门的管理职责进行了部署;后来随着大部制改革及国务院"三定"方案实施,进一步明确了各部门的主要职责,划分了以国家网信办主导内容管理、工信部主导行业管理、公安部负责打击违法犯罪为主的互联网管理体制。国务院 2008 年颁布的《国家工商行政管理总局主要职责内设机构和人员编制规定》明确了国家工商行政管理总局作为负责网络商品交易行为市场管理的主要机构,具备"负责监督管理网络商品交易及有关服务的行为"的监管职能,确立了网络商品交易监管以国家工商行政管理总局为主,包括商务部、工信部、公安部、文化部、财政部、国家税务总局、国家食品药品监督管理局、海关总署、国家新闻出版总署、中国人民银行、中国银监会等在内的监督管理体制,在一定程度上调整了以前"齐抓共管"的局面,缓解了多头监管的乱象。

(二)国家层面立法增多,更加关注社会性规制

2008 年以后,电子商务领域的监管问题集中浮现出来,不正当竞争、消费者权益保护、电子支付、税收等问题引发各界激烈讨论,政府对规范网络市场秩序的回应压力日益增大。在这一时期,与网络商品交易相关的国家层面立法增多,包括 2010 年国家工商行政管理总局出台的《网络商品交易及有关服务行为暂行管理办法》和 2011 年颁布的《关于进一步加强市场监督管理加大打击假冒伪劣违法行为的若干措施》,以及 2010 年中国人民银行发布的《非金融机构支付服务管理办法》、2011 年商务部颁布的《第三方电子商务交易平台服务规范》等。相比此前对价格、准入等进行限制的经济性规制手段,社会性问题的多发使政府逐渐将规制的重点转移到社会性规制上(黄新华,2007),这一时期明显更加注重对消费者利益的保护和大众健康、安全、知情权的保护,大量网络市场监管工作

围绕保护消费者权益保护这一核心问题展开。2013年修订后的《消费者权益保护法》增加了网络购物7日无条件退换货等条款,为消费者网络交易中合法权益受到损害时提供法律保障。

(三)地方执法难度加大,多方寻求监管创新

尽管法律法规等顶层设计处于不断完善的进路,网络市场的规模剧增和千变万化使市场监管部门一直面临着"老问题未解,新问题又生"的局面。2013年,国家工商行政管理总局向社会公布了九大典型的网络交易违法行为,涉及侵犯商标权、虚假广告、制假售假、无证经营、售卖用户信息等行为,由于网络交易主体真实信息难辨、网络管辖权按地域划分以及网络违法隐蔽性强等特征,网络监管面临主体认定、跨地域协作和电子取证等多方面的难题,传统的市场监管手段如市场巡查、网格化监管、违法商品查封等都难以在网络市场监管中奏效。

在这种情况下,各地市场监管部门积极发挥能动性,在监管实践中探索网络监管机制的创新,形成一股竞相推进网络监管创新的风潮,并且主要集中在执法办案从线下向线上转移的平台搭建上。例如针对网络消费维权跨地域、成本高的难题,深圳市建立了非诉讼线上解决机制,消费者可通过线上平台提交投诉信息并由第三方专业团队负责调解;浙江省与江苏省合作建立了网络监管的跨区域协作机制,尝试解决网络监管执法跨区域协作的难题;浙江省金华市工商局牵头建立起地方性的网络信用监管平台,整合多部门数据,搭建涉网主体信用数据库,推进建档、管理、评价、查询、公示一体化。各地不同程度的监管创新为网络市场监管的理念、机制革新提供了差异化的有益尝试。

四、转型阶段(2014年至今)

2014年之后,我国网络市场发生了巨大的变化,如果说之前网络市场的快速发展集中体现在电子商务领域,那么2014年之后则是互联网产业的全面爆发,"互联网＋"概念的兴起使互联网与经济社会各个领域都深度融合,互联网络促进了生产资源的重新分配和生产方式的深度变革。

这一时期，网络世界可以说是市场形势瞬息万变，线上线下深度融合，主要表现为：第一，商业模式创新主导市场竞争。新时期，互联网行业商业模式的创新层出迭起，围绕消费者价值主张、经营产业链优化和盈利模式挖掘的新商业模式快速占领市场，模式创新甚至超越技术创新成为网络市场制胜关键。第二，大数据技术普遍应用。市场竞争开始依靠大数据分析技术，拥有更多信息数据资源的企业占据市场有利地位，百度积累的信息搜索数据、阿里积累的交易数据以及腾讯积累的社交数据进一步巩固了 BAT 牢固的市场地位。第三，线上线下市场深度融合。主要互联网企业纷纷涉足线下，以理财为例，截至 2018 年 6 月，阿里巴巴推出的余额宝货币基金总规模达 1.86 万亿元，超过国有"四大行"的个人活期存款，远超传统基金规模。互联网理财、互联网保险、互联网医疗、移动支付等使人们日常生活难以与网络经济分离。第四，共享经济成为风口。随着共享单车高调进入人们视野，"共享"一词已深入人心，从交通方面的共享单车、共享汽车、共享出行到共享充电宝、共享厨房、共享公寓等等，共享经济在得到欢迎与受到争议中实现了爆发式增长。

网络市场的深刻变革在一定程度上也倒逼了市场治理主体对网络市场治理的变革与创新，网络市场治理的体系、理念、方式开始向契合网络市场的方向转变。

（一）管理体制立体化纵深化发展

2014 年 2 月，国家对互联网领域管理体系进行调整，成立了中央网络安全和信息化领导小组，中央网信办与国家互联网信息办公室合署办公，成为我国互联网领域最高层面的领导和议事机构；同年 8 月，国务院正式授权新组建的国家互联网信息办公室负责全国互联网信息内容管理和监督执法工作，标志着我国网络领域管理体制发生了深刻变化，进入立体化、纵深化发展阶段。

在立法层面，以网络商品交易市场监管为例，2014 年国家工商行政管理总局发布实施了《网络交易管理办法》，对网络商品交易及有关服务行为进行了系统性规范；商务部公布了《网络零售第三方平台交易规则制定程序规定》,对第三经营平台的规则备案、说明和保证公众知情等做出规定;同时,国家正式启动了电子商务法的立法工作,并于 2018 年正式颁布《电子商务法》,自 2019 年 1 月 1 日起施行。在监管层面,以国家市场监督管理总局为例,其于 2014 年开设了网络商品交易监管司,专门负责网络交易的监督管理,目前几乎所有省级工商与市场监督管理机构都开设了网络交易监督管理部门。此外,在地方探索实践的基础上,由国家市场监督管理搭建的网络交易监督管理平台建成并投入运行。自 2015 年开始,国家工商行政管理总局根据《关于加强网络市场监管的意见》提出依法管网、以网管网、信用管网、协同管网的监管思路,每年联合工信部、商务部、公安部等十余部委开展网络市场监管专项行动,重点打击当年网络市场突出的违法行为。

(二)管理理念从监管向治理转变

自我国接入互联网以来,对互联网有关各项活动的监管一直没有松懈,"互联网监管"的理念深入人心。中国共产党第十八届三中全会提出推进国家治理体系和治理能力现代化的全面深化改革总目标后,治理理念得到广泛的推广与应用,政府对待网络市场也开始从市场监管向市场治理转变,主要表现在三个方面:第一,从以事后监管为主转向注重事前防范,采取柔性监管手段,通过推进信用体系建设等非强制性手段引导经营者自觉诚信守法经营,从事后处罚向事中过程控制再到事前防范推进;第二,实行分类监管,对安全层面把严监管关,建立关键基础设施保护体系和数据信息保护体系,对市场层面则给予新兴业态发展空间,审慎监管,认可新经济新模式的合法地位,寻求对新事物的管理创新;第三,强调多元主体的参与,在政府监管之外,发挥行业自律、经营主体监管、消费者监督的作用,发挥网络交易平台通过平台内部规则治理、在线声誉机制建立和大数据技术进行平台型市场治理的作用,加强与互联网平台企业的治理合作,推动形成网络市场治理的合力。

表 2.1 集中展示了我国网络市场治理演进过程中不同阶段的主要特征,可以看出,我国的网络市场治理体系是随网络市场本身的发展而演进

的。随着市场规模的由小到大、市场模式的由单一到多样、市场关系的由简单到复杂,网络社会治理也经历了法律法规的渐进式建构、治理方式的不断创新和治理理念的持续优化。目前,我国的网络市场治理总体上仍以政府为主导,但互联网平台也发挥着越来越重要的治理作用。

表2.1　我国网络市场治理演进过程中不同阶段的特点

特点	起步阶段 (1996—2001年)	成长阶段 (2002—2007年)	优化阶段 (2008—2013年)	转型阶段 (2014年至今)
阶段特点	互联网监管的初始探索	监管全面跟进,"齐抓共管"格局形成	监管体系优化,监管创新探索增多	从监管向治理转变
立法特点	围绕互联网基础法律环境问题展开	地方进行探索性电子商务立法	国家层面网络市场相关立法增多	启动并颁布《电子商务法》
监管特点	以传统市场监管方式为依据	地方性监管探索增多,主要围绕对经营主体的监管展开	地方积极开展网络市场监管创新,注重社会性规制手段	从事后监管转向事前防范,注重市场治理的多主体参与
市场特点	电子商务萌芽,市场规模较小	电子商务市场快速发展,网络购物方式得到公众接受	市场规模剧增,市场多样化显现,BAT领跑格局形成	互联网产业全面爆发,大数据、共享经济成为热点

第三节　我国网络市场治理的现实困境

面对网络经济日新月异的发展,治理者不断努力创设新的治理方式,推进完善立法进程,但法律的建构速度远远跟不上新场景、新问题的产生速度,信息技术、网络经济给社会生活带来的变化也远超治理工具革新能够应对的范畴,人们面临的甚至是数字化世界对现实的技术解析和接踵而至的社会解体(库克里克,2018)。具体到网络市场治理领域,新场景、新技术、新模式与传统社会的治理体系诸如治理结构、治理方式、权力边界等难以形成有效嵌入,给当下的网络市场治理带来了条块结构与网络结构的匹配问题、"公"与"私"的界定问题、法律治理与技术治理的适用困惑以及权力与责任的配置争议等一系列现实困境。

一、治理结构:条块结构与网络结构的匹配问题

网络社会的兴起给传统社会带来的首要改变,便是突破了地理空间的限制。长久以来,为了实现对庞大国家的有效管理,分而治之是被一贯采用的治理策略,对治理单元逐级分解,形成条块结合的治理结构。互联网时代的到来打破了时间和空间的限制,并且随着技术的不断发展,越来越有将整个社会生活编织成网络的趋势,国家治理的条块基础和社会生活的网络化发展之间,难以有效匹配的问题越来越凸显。

(一)行政管辖的地域分割性与网络市场的地域贯通性之间的矛盾

设置行政区划、实行属地管理是古今中外许多国家进行政权建设和行政管理的重要手段,也是我国自封建君主时期开始沿用至今的国家治理基本原则。长期以来,地方政府负责社会管理的事权责任,中央对财政、编制、执法权限等公共资源的配置也是以地方政府的管辖区域、户籍人口和经济状况为主要依据的,行政区划决定了提供公共产品的距离半径和难易程度。随着交通便利性的提高和城市化进程的推进,在网络时代全面到来之前,我国也遇到了诸如区域经济一体化和行政区划冲突的治理问题,跨域治理、复合行政等治理理念被相继提出,但总体来说,这一时期所遇到的冲突和矛盾是局部性、碎片化的,对制度和社会生活的影响也局限在较小的范围内。

网络市场兴起后,电子支付与物流行业的发展打破了长久以来的市场地域限制,促成了全国性统一大市场的形成,同时也给市场治理带来了新的挑战,作为政治空间的行政区域同作为经济空间的经济区域之间开始产生割裂。一笔简单的网络交易,涉及的卖家、平台、买家往往分属不同的行政管辖区域,要打击网络违法行为,就可能存在违法行为发生地、结果地和网络平台所在地均不相同的情况,此时治理责任到底由哪个属

地管理部门承担，就成为网络市场治理面临的首要问题。随着电子商务网络交易市场规模的快速增长，这类问题越来越多。对此，2010 年，工商总局在《网络商品交易及有关服务行为管理暂行办法》中规定了"网络商品交易及有关服务违法行为由发生违法行为的网站经营者住所所在地县级以上工商行政管理部门管辖"的原则，2014 年在《网络交易管理办法》中对经由第三方交易平台进行的交易进一步确立了"第三方交易平台经营者住所所在地负责—违法行为人所在地负责—发生争议由共同上级部门指定管辖—大案要案由总局负责或指定省局查处"的管辖责任顺序，明确了第三方平台所在地工商行政管理部门的管辖责任。

但这种管辖责任的界定并没有从本质上改变行政管辖的地域分割性与网络市场的地域贯通性之间的矛盾。由于我国网络交易平台具有明显的"寡头"特征，网络商品交易在网络平台的集中性很高，导致大量维权投诉案件积压在平台所在地的工商行政管理部门，而我国行政执法部门是按照"定机构、定编制、定职能"的三定方案设立的，根据具体任务量和新增问题进行编制扩充的能动性很小，超级网络平台所在地的执法部门面临着严重的任务量激增和人员不足的困境。2017 年度，国家工商行政管理总局共受理网络购物类投诉 68.57 万件，淘宝所在地浙江省约占34%，腾讯所在地广东省约占 26%，仅浙江省和广东省就占了网络购物类投诉总量的 60%；而对淘宝所在区县杭州市余杭区来说，2017 年度仅余杭区市场监督管理局就受理网络消费投诉 13.87 万件，网络市场治理呈现出明显的治理任务向平台所在地集中的特征。此外，网络市场治理执法中还存在不同区域同级部门间对案件协查相互推诿问题、地方保护问题等，都使传统的属地化管理体制在网络市场面前显得举步维艰。

（二）行政管理的行业细分与网络经济的跨界融合之间的矛盾

我国的行政管辖体制不仅以"块块分割"的属地化管理为特征，而且以"条条管理"的行业细分为特征，呈现出明显的行业分割性。与实体经济不同的是，跨界融合是网络经济的重要特征，互联网行业打破了传统行业细分的藩篱，"互联网＋"更是将传统行业与互联网融合在一起，已经难以清晰界定某类经济活动具体属于哪个行业、应由哪个主管部门负责。由此带来两个问题：一是多部门共管的利益协调问题。"三网融合"之所以推进缓慢，电信网、广电网、互联网所对应的电信、广电和网信三大主管部门间的利益冲突与传统行业部门的条块分割是重要原因之一。二是多头管理问题。以视频行业为例，视频网站的业务内容涉及文旅部、工信部、广电总局、国家新闻出版署等多个部委的监管范围，以至于针对一项权限往往需要办理多个许可证，打开一家视频网站首页就可以看到除了所在地工商行政管理局颁发的营业执照外，还有诸如工信部批准的电信与信息服务业务经营许可证，广电总局颁发的信息网络传播视听节目许可证、广播电视节目制作经营许可证、互联网出版服务许可证，文旅部审批的网络文化经营许可证等。这些证照反映出的不仅是监管范围重叠的问题，还包括监管边界模糊的问题，给网络经济的行业融合发展带来不小的阻碍。

(三)政府组织的层级化与互联网企业组织的扁平化之间的矛盾

在组织结构上，中国政府的组织结构是韦伯(Weber)科层制组织体系的典型体现，通过条块体系形成严密而复杂的科层组织，纵向上自上而下的权力金字塔结构实现了政策的层层传递和压力的层层传导。层级化的政府组织使其在面对扁平化、全域性的互联网企业时，往往无法摆脱层级治理的路径依赖。在纵向上，互联网平台企业的"扁"体现在组织架构上，一般仅由决策管理层和具体业务部门组成，以应对市场的快速变化和业务的横向拓展。而在需要与政府监管部门打交道的时候，却面临一个企业需要与多个层级部门就同一个问题进行沟通的现实。例如涉及网络商品交易时，平台企业往往需要接受所在地县级、市级、省级工商行政管理部门甚至国家工商行政管理总局的监管与指导，不同层级政府间的指令性意见甚至可能相互矛盾，不仅增加了企业的沟通成本，还使企业需要应对到底"听谁的"等问题。在横向上，互联网平台企业的"平"体现在业务的全国覆盖性上，借由互联网的无界性特征，平台企业只需将实体总部设立在一处，其业务范围就可以辐射全国。但由于政府组织的区域分块特征,一个拥有全国性业务的互联网平台企业往往需要与数十个甚至上百个不同级别的行政单位打交道,以符合对方的管辖要求。例如总部设在北京的网约车平台滴滴出行,业务范围覆盖全国数百个城市,并在其中大多数城市没有设立分支机构。而现行的网约车管理办法中针对网约车的行政监管是以县级或设区市为单位进行的,网约车经营企业需向当地分支机构申请相关许可(张效羽,2017)。这意味着一家网约车企业想要在全国范围内开展业务,需要申请数百个甚至上千个行政许可,不仅造成了巨大的资源浪费,也造成了对全国性网络市场的人为割裂,政府组织架构的层级化与互联网企业架构的扁平化之间的矛盾还需要进一步解决。

二、治理边界:"公"与"私"的界定问题

网络信息技术"连接一切"和大数据分析技术"窥探一切"的能力已渐渐将"公"与"私"融入同一场域中,打破了传统社会基于国家权力体系设置和在场交往而形成的公私边界,使传统社会中泾渭分明的"家庭私人生活"与"政治公共生活"之间的界限越来越模糊,从而引发了社会治理中有关公域与私域的边界、"公用"与"私用"的界定以及公权与私权的界限等一系列争议和问题,同样为网络市场的治理带来了许多困惑。

(一)"公用"与"私用"的界定问题

网络经济带来的商业模式的拓展,使传统行政规制对财产公用与私用的限制、经营性行业的准入体系受到冲击,特别是共享经济中对私人财产的营利性使用对既有的行政法规制体系产生了不小的冲击,网络市场的有效治理需要进一步形成对"公用"与"私用"的合理界定。

网络市场中较为普遍的以私人住宅作为经营场所的现象,为行政执法部门的市场规制带来较大困难。电子商务的发展扶持了一大批中小卖家,特别是在淘宝的 C2C 集市和微信的微店等平台,大量的中小卖家无须申领营业执照即可开店,在私人住所中完成进货、囤货、打包和发货等各道工序。较低的经营门槛在给予电子商务发展空间和鼓励充分就业的同时,也导致了假货的泛滥。售假卖家数量多、涉案金额小的特点给工商

行政管理部门执法带来很大难度,对于在私人住宅经营网店业务的卖家,工商行政管理部门无权直接进入私宅进行执法。与此类似,一些外卖平台的入驻商家以私人居所为大本营,缺少食品经营许可证,也给行政执法带来困难。线上交易的便利性使商品买卖淡化了对实体店铺的需求,私人住所"公用"还是"私用"的界定和执法问题,是大力发展线上交易的同时必须解决的困境。

共享经济为"公用"与"私用"的界定带来了更大的挑战,许多共享经济活动事实上打破了行政规制中对财产用途的管制制度、对市场准入的管制制度和对职业资质的管制制度中对"公"与"私"的限制(张效羽,2016)。我国行政法规对于民用财产变更为商用财产有严格的变更限制和手续要求,网约车、共享公寓的大量出现使网络市场中民商混用的情况十分多见,例如网约车,我国既有法律法规对营运车辆在年检、报废、准驾等方面有明显比非营运车辆更为严格的要求,在网约车行业野蛮生长阶段,大量从事兼职的司机以私家车从事网约车的营运服务,很大程度上冲击了对于机动车营运与非营运的分类管理模式。而且随着共享经济的发展,这种现象无法通过单纯的严格执法得到解决,如何适应网络市场的发展形势,与时俱进进行行政规制的创新与变革,因地制宜明晰"公用"与"私用"的界限,是市场治理者面临的重要问题。

(二)公权对私域的侵入问题

许多学者研究表明,伴随着古代战争、近代贸易和生产社会化以及现代的经济全球化、政治民主化与信息网络化发展历程,"公域"的边界是在不断扩大的,而"私域"的边界相对缩小。有学者预测,随着信息技术发展对公共性增长的影响不断变大,"私域"的界限将最终缩小至"隐私"的范畴。

用户通过网络购物平台、网络出行平台、网络社交平台等进行购物、出行和社交活动的相关数据会被精准地记录并收集起来,通过大数据分析实现对个人的包括地址、电话、活动范围甚至性格、行为习惯等信息的准确还原。互联网平台企业的商业逻辑是通过抓取用户数据从而从对数据的分析结果中获利，对规模性的、去个体化的用户数据的分析和利用是目前互联网平台企业的普遍做法。数据开始变得比用户更了解自己，甚至开始试图引导、操控他们的行为。数据方面的知识鸿沟来自企业和消费者间巨大的信息不对称，它自始至终都存在，并无时无刻不在加深（贝尔纳谢克等，2017）。除了这些"数据巨头"，同样被人们所警惕的，还有以政府为代表的公权力对公众私域的侵犯，与对企业的警惕相比，人们对政府的这种担忧很大程度上出于政府基于合理性、正义性的行为可能产生公权对私域的无形侵犯。例如，在犯罪治理语境下，互联网平台企业往往被要求担负起信息存储、监控审查、披露报告等协助义务，政府本身是否有权因犯罪执法而要求企业提供用户个人信息，以及提供到什么程度，其中会不会对用户隐私造成侵犯等问题值得商榷，2015—2016 年美国苹果公司与 FBI 之间的解密争议就体现了这一点。在大数据时代，公权向私域的侵入已是不可逆转的趋势，但扩展的尺度与界限问题还需要进一步明晰。

（三）私权向公域的拓展问题

与公权向私域的扩展主要是政府对公众私域的侵入不同，私权向公域的拓展主要是指互联网平台企业的私权向公共领域的延伸。在平台型网络市场中，互联网平台企业的角色和权力结构都发生了变化，作为某种意义上的市场组织者，平台企业以准入条件、平台规则、惩罚措施等对围绕平台形成的公共市场形成了实际的权力约束，平台企业的私权由此拓展到了公共领域。此外，有人关注到并对此提出质疑，即掌握了技术的互联网平台企业能够以强大的话语权对公众提出看似正当的要求，而实际上却利用使自身利益最大化的设计实现从特权到私权的演化。在私权框架下，互联网平台企业就有可能逃避国家公权力的正当干预而进行权力的扩张与信息的垄断。例如，在政府数据开放运动中，现实情境中对政府数据开放的倡导者和呼吁者中往往不乏互联网企业的身影，政府开放数据后，最有可能从中受益的是有能力对政府数据进行整合利用的互联网公司，而互联网公司出于商业逻辑进一步对数据实行封闭，那么未来将会

平台与政府

陷入政府与社会越来越依赖互联网公司数据处理能力的恶性循环。如何未雨绸缪地思考互联网平台企业的私权向公域的拓展问题，也是市场治理者需要面对的问题。

三、治理工具：法律治理与技术治理的适用困惑

在网络空间中，技术对规范和约束行为的作用越来越重要。莱斯格早在《代码和赛博空间的其他法律》一书中就指出网络空间形成于技术所构建的"架构"之上，代码作为网络空间的"法律"对人们进行控制。随着互联网的快速发展，治理者也越来越认识到传统以国家为核心的法律治理方式存在的滞后性与效力不足，而技术能够实现的网络安全技术、内容监控技术以及行为控制技术等则可以很好地应用于网络空间治理。网络空间中法律治理与技术治理的二元共治已成为治理者的共同认识。但其中，技术治理与法律治理本身在逻辑上存在的内在冲突，以及政府主体在实际操作中对技术治理和法律治理的适用性上，还存在需要解决的问题。

（一）技术治理与法律治理的内在矛盾

技术治理与法律治理形成和作用的基本立足点不同，导致技术治理与法律治理本身之间存在张力。正如技术治理的产生源于人们从网络自身的发展需要和技术可能出发而探索建立的自律秩序，技术本身"自治"的基本立足点使网络技术本身是抵制规制的，技术的自律逻辑与法律的强制性之间的差异，使对技术治理的法律归化存在难点。此外，与法律规范的制定和实施都必须以社会共识为前提、以保障各方权利为基础相比（郑智航，2018），技术治理存在一些更难以确保公正性的地方，技术治理本身更加偏好效率逻辑，因而时常牺牲技术控制的准确性；技术权力的掌控者更加容易将自我偏好和自我利益植入技术治理，且治理程序和控制标准的"黑箱"特征和技术背后的"人为控制"，使"技术矫正技术"（胡颖，2013）的公正性变得难以保障。具体到网络市场治理，政府市场治理部门需要面对的不仅是技术治理与法律治理本身的结构张力，还有一些公众对技术治理公正性的质疑以及治理技术被互联网平台企业掌控的现实。

（二）技术治理与法律治理的适用困惑

在网络市场治理中，由于被治理对象的分散对传统治理辖区的突破，以及规制案件类型的同质化、数量多和治理复杂性等情况的出现，引入技术治理手段是市场监管部门越来越普遍的做法。但在对技术治理的运用上，除了技术手段的合法性和对现行法律的嵌入性等问题之外，市场监管部门还面临着实际操作层面的许多问题。一方面，市场监管部门对技术治理的运用本质上是"技术手段＋传统行政监管逻辑"的拼接模式，尽管使用了技术手段，但沿用的仍然是事前许可、事后惩戒的传统监管逻辑，技术治理的效用就会大打折扣。另一方面，监管部门对技术手段的运用严重依赖互联网平台企业的技术供给，在运用技术手段对互联网平台上的网络行为进行监控和治理的同时，不能忽视网络架构设计者基于技术设置而产生的结构性风险，互联网平台企业本身也是需要被监管的对象，技术治理是否能按照监管者设计的初衷得到执行也存在未知之处，市场监管部门同样面临着技术治理与对技术的治理的双重矛盾。

四、治理主体：权力与责任的配置争议

平台责任主要是指互联网平台企业对平台用户的不法行为所应该承担的责任。互联网平台企业在网络市场治理中到底应该承担什么责任，是这一阶段受到广泛关注的议题，也是最具争议的话题之一。互联网平台企业由于其平台性质对经由平台进行的经济活动和用户主体具备审查和监控的便利性，现实情境中互联网平台企业也确实承担着部分对平台商户的监管责任，但这些监管责任在合法性、合理性上都存在较大的争议，互联网平台企业在网络市场治理中应该承担哪些责任、承担到什么程度、与平台企业拥有的权力和权利是否相符等问题，以及延伸出的网络市场中政府与市场的边界在哪里等问题，是网络市场治理中需要厘清的重要问题。

（一）责任配置标准的多样化

无论是通过纵向的历史考察，还是通过横向的国际比较，各个国家、

平台与政府

各个时期的政府治理者对互联网平台企业的责任配置所依据的标准并不一致。依据不同的分配原则,对平台施加的治理责任不同,整个网络市场所体现出的"收严"与"宽松"的环境感受也不同。目前针对平台责任的讨论中,所依据的配置标准主要涉及成本、权力、权益保护与促进发展等多项原则。

1. 依据成本配置责任

出自美国侵权法领域、在当下互联网治理中被经常提及的"汉德公式"就是依据成本配置责任的典型案例。汉德公式的应用前提是经济效率和实用主义,其所展现的责任分摊原则是以避免事故发生的成本来衡量责任分摊的大小(许传玺,2003)。责任分摊原则是许多学者探讨平台责任配置的依据。有学者提出平台经营者承担的义务类似于"行政法上的第三方义务",也是从成本的角度来探讨其适用度的,"选择第三方义务或者行政规制取决于发现违法行为的成本是否可以接受,当私人主体发现违法行为的成本较低时,第三方义务就是可取的"(高秦伟,2014)。虽然以成本作为配置责任的标准具有较大的合理性,但平台企业所付出的成本因涉及用户的选择偏好、对企业发展的长期影响等而难以估算,存在实际操作上的困难。

2. 依据权力配置责任

"有权必有责"是我国长久以来遵循的权力观,拥有多大的权力、享受多大的权利,就需要承担相应的责任。在企业社会责任领域研究中即有责任铁律理论,强调拥有更多社会权利的企业就应承担更多社会责任(Davis,1960)。多数研究者认同网络平台通过平台规则和"平台架构"而拥有部分准公共权力的观点,如果不对平台权力施加相应的责任制约,平台权力就有被滥用和异化的风险。以权力为配置标准的责任分配原则,所遇到的问题是作为前提的平台权力配置的合理性及其尺度尚存在争议,对权力多少的衡量以及相应的责任分配量的衡量尚存在难度。

3. 依据促进原则配置责任

在产业发展初期,采取较为宽松的规制体系以促进行业的发展是许多国家都会采取的策略。互联网经济发展初期形成的避风港原则就是多数国家长期采用的以促进发展为目的的责任界定原则。避风港原则源自美国 1998 年制定的《数字千年版权法案》,后来演变为处理网络服务提供商与版权人纠纷的核心原则,其要义是网络服务提供商对用户发布的侵权内容有被告知情况下的删除义务而没有事先审查的责任。避风港原则的"通知—删除"责任体系为新兴互联网产业的快速发展提供了"避风港",但随着市场的日渐成熟,是否应该继续实行对网络服务提供商的责任豁免也受到了较大争议。

4.依据权益保护配置责任

与避风港原则对网络服务提供商的保护逻辑相反的是,出于对用户权益的保护而对网络服务提供商采取严格限制。欧洲近年来对用户数据隐私的保护呈现越来越严格的趋势,2018 年 5 月《通用数据保护条例》生效,成为史上最严格的个人数据保护条例。该条例对网络服务提供商处理、存储和保护用户个人数据的方式有非常严格的限制,对用户要求删除的"被遗忘权"、数据安全和隐私保护有严格规定,并且制定了公司发现违规事件 72 小时内报告等制度。此前美国 Google 公司即因利用安卓系统的垄断地位"捆绑销售"浏览器的行为而收到欧盟高达 43.4 亿欧元的天价罚单。尽管对用户个人数据的严格保护是人们所期待的前景,但对本地网络经济的发展以及对网络服务提供商们仍是不小的约束与打击。

(二)平台责任泛化及其权责配置争议

我国在网络市场发展初期也同欧美国家一样持包容、保护、促进发展的态度,采取较为宽松的规制策略。《中华人民共和国侵权责任法》第三十六条确立了避风港原则,而在后续的诸如《中华人民共和国食品安全法》《中华人民共和国广告法》等与网络市场相关的许多法律或者司法解释中则存在加大网络服务提供商法律责任的趋势。在实际操作中,政府往往会要求互联网平台企业承担较多的连带责任或者补充责任,甚至会让平台为供给端用户的行为承担替代责任,呈现出平台监管对象不断拓展、监管边界不断扩大、监管责任标准不断上升的演变趋势,平台责任泛化倾向明显。2018 年出台的《中华人民共和国电子商务法》对电子商务

平台与政府

平台经营者的责任进行了较为系统的规定,不过其对平台责任的相关条款也受到了较大的争议。

政府与平台企业对平台承担责任程度的意见不同,源于双方对平台的认知不同。网络交易平台倾向于认为自己在经营者与消费者订立合同的过程中扮演的是"居间人"的角色,无须为交易产生的问题承担责任;政府倾向于认为平台相当于传统的"百货商场",网络交易平台作为"柜台出租方",与经营者之间存在租赁关系,平台应像百货商场一样对发生的交易负有责任。对此,学界并尚未形成较为统一的看法,对待平台责任泛化的现象,支持者以网络市场治理的效率导向、责任与权力的匹配为依据,反对者以平台的承受能力有限、可能引发"公法责任向私人关系逃逸"(许可,2018)等为反驳理由。如何充分衡量平台承担治理责任的利与弊,从制度设计和法律设立上规避潜在的风险,实现各方主体的激励相容,是市场治理者们面临的最大问题。

第三章 网络市场治理中的"平台—政府"双层治理模式

在网络市场的成长过程中,由于基础法律体系滞后、底层社会信用体系缺失,以及政府面临的"该不该管"的权衡和"管不管得了"的困境,网络市场中存在着一块基础交易规则和规制框架之外的"真空地带"。市场中先发的互联网企业只有在填补了网络市场交易的规则空白、建立起网络交易的用户信任的基础上,才能获得长足发展。实践表明,细分领域中先发的网络平台成为填补网络市场治理缺失的主要主体,平台依据自身情况制定相应的平台规则,在对后续法律制定产生影响的同时,也在不断受到法律框架的规范与约束,网络平台也因此成为网络市场中重要的治理主体。随着平台经济规模的不断扩大以及网络平台间分割性的不断扩大,平台在市场用户治理上的优势日益凸显,进而形成政府治理平台、平台治理用户的"政府—平台—用户"分层治理模式,本书称之为"平台—政府"双层治理模式。

本章从对"平台—政府"双层治理模式的解析出发,围绕以下几个问题进行探讨:网络平台何以实现对用户的有效约束?平台治理与政府治理存在哪些区别?"平台—政府"双层治理模式的内涵是什么,治理结构如何?平台治理与政府治理的相对地位如何?

第一节 平台与政府:网络市场治理的双元主体

一、平台经济:泛在市场的中心化现象

过去,互联网的泛在性使人们对网络社会的去中心化充满希冀,期望互联网的去中心化能带来更多的机会公平。但一系列超级网络平台的出现打破了人们对互联网去中心化的幻想,超级网络平台成为主导网络市场格局规则、营造网络市场生态的中心,使网络市场出现资源、用户、权力都向平台集聚的中心化现象。网络平台的中心化现象与平台经济的市场结构特征、经营定价策略以及垄断竞争特性有关,用户的规模集聚也是其得以开展平台治理的基础。

(一)平台经济的市场结构特征

双边市场特征及其交叉网络外部性是平台经济最重要的特征之一。网络平台连接供给方与消费方双边用户,为他们的线上交易提供平台服务,平台所连接的平台型网络市场具有明显的双边市场特征。梯若尔(Tirole)曾指出:"当某产品对某消费者的效用随着采用相同产品或可兼容产品的消费者增加而增加时,就出现了正的网络外部性。"(梯若尔,2018)而双边市场的交叉网络外部性体现在双边用户的相互影响中,平台一边用户加入或使用平台的收益取决于另一边用户的数量和质量,反之亦然(方兴东,2017)。

同时,对平台来说,网络经济的边际成本结构性变革使互联网产品具有了随着用户数量的不断增加,边际成本可以趋近于零的特征。在双边市场与边际成本的双重影响下,如何吸引更多的双边用户成为网络平台需要考虑的问题,其中一个方法便是承担平台建设的初始资本投入。平台建设的初始投入往往巨大,但当其集聚的用户规模过了理论上的"临界点"之后,平台用户增加对平台的边际成本便几乎为零,成为平台盈利的开始。

（二）平台的经营定价策略

除了平台建设的初始资本投入之外，采取适当的定价策略也是平台吸引双边用户的方法之一。平台视双边用户对双方的重要性而对双方采取不同的定价策略，当一边的用户数量对另一边用户更重要时，平台可能采取对一边用户免费或只收取保留价格的策略，通过提高单边用户数量来提高平台对另一边用户的定价主动权，进而通过向另一边用户收取较高的价格平衡平台的总收益。与传统市场的价格中性不同，网络平台能够利用信息不对称采取歧视性定价策略。

在此基础上，互联网平台企业普遍采取了"基本服务免费＋增值业务收费"的经营模式，姜奇平（2017）称之为"平台分享＋差异化增值"双层规划，通过基本服务免费吸引用户并培养用户黏性，利用增值业务收费提供差异化服务获取更高利润。

（三）平台经济的垄断竞争特性

对用户形成锁定的网络效应是平台获取市场垄断地位的关键。研究表明，一项产品或服务达到用户基数的临界值后会形成自反馈（Economides et al. ，1995），产生用户锁定或产品锁定的锁定效应（Witt，1997）。锁定效应使用户在市场产品同质化程度较高、市场竞争充分的前提下仍然对某一特定产品或服务产生依赖，使得网络市场同质产品竞争中向某一产品集中的程度非常高，最终使"先下手为强"和"赢者通吃"成为网络市场中的竞争法则，网络市场也呈现出垄断竞争的特性。

在完成了"迭代"（双边市场的交互）、"拐点"（交叉网络外部性效应的爆发点）以及"引领"（形成赢者通吃的发展格局）三个发展关键节点之后（李凌，2015），演变为超级网络平台的平台企业便成为去中心化的网络市场的新中心，集聚了相当规模的用户群体，形成了全国性乃至全球性的平台型网络市场。如何更有效地组织市场中的规模用户，提升平台的经济效率与声誉，引领网络市场的竞争规则，便成为平台治理需要解决的主要问题。

二、基于架构与规则的平台治理

尽管平台经济的特性为平台在市场交易中带来了更大的主导优势，但平台为实现更多的交易也需要做出相当的建构性努力，对平台聚集起来的流动、无序的社会资源进行有序化组织。"架构"与"规则"是平台对用户及交易活动进行组织与控制的两种途径。

（一）作为隐性控制的架构

莱斯格（Lessig）在《代码 2.0：网络空间中的法律》一书中阐述了"代码即网络空间中的'法律'"这一观点，而"架构"是基于代码的规制与生产而建立起来的网络空间的基本构架，它涵盖了从微观的代码设计到宏观的网络场景等各个层面，并且隐匿地、不知不觉地规制着网络主体的在线行为。在网络中的主体感受到来自平台的规则之前，就已经在无所察觉的情境下受到了平台架构的隐性规制。

1. 架构在纵向维度上，体现为网络的分层结构

一直以来，研究者都试图通过分层来剖析互联网络的纵向架构，网络七层协议（OSI）就是国际标准化组织制定的一个用于网络互联的标准体系，从下到上分为物理层、数据链路层、网络层、传输层、会话层、表示层、应用层；也有研究者将网络空间分为物理层、逻辑层和内容层，抑或是根据当下网络空间的复杂特征将其分为数据存储与分析、物理层、传输协议/域名系统、内容层、应用程序、操作系统、硬件终端/传感器和用户等层面（胡凌，2018b）。架构各个层级上的任何改变，都能对上层活动者产生影响，而通过对架构层面上的规则修改，例如通过改变用户数据抓取内容和抓取方式的代码，就能在用户无所察知的情况下实现对用户的隐性控制。

2. 架构在横向维度上，体现为网络活动的各个场景

"场景既可以是通过电子屏幕使用的在线虚拟世界，也可以是以传感器、摄像头覆盖物理场所的空间再造"（贝纳茨等，2017），网络经济活动中各种不同类型的平台、商业模式，也是基于架构形成的不同场景，网络平

台将网络空间分割成许多不同的场景,并通过结构化的控制机制对用户的行为进行记录与数据存储,有学者将这种控制机制总结为"账户—数据—评分"机制(胡凌,2018a),通过账户实现现实世界与网络空间的主体联系,通过对用户网络活动的记录与存储积累数据,并用依据数据进行的评价反过来进一步约束用户的未来行为。在这样的控制机制下,架构的边界即体现为平台的控制能力。

(二)作为显性控制的平台规则

长期以来,国家是制定和实施规则、对社会进行治理的主要主体。随着国家能力的增强和社会规则性的提升,规则也经历了从简单的法律条文和约定俗成的社会规范,到庞杂而专业的法律系统的发展过程。尽管国家也在逐渐采用诸如诚信档案、信息公开等柔性治理手段,但总体上仍以刚性的法律规范作为主要的规则手段。网络市场兴起后,面对国家法律滞后而形成的"真空"地带,先发的网络平台以制定平台规则的方式建立起网络交易的组织秩序,提升了网络经济活动效率。与国家法律的刚性规制相比,平台规则更多地采取信用评价等柔性治理手段,并从法律倾向的事后惩戒转向用户对规则的事前同意。

平台规则体系同样也经历了由简单到复杂的构建过程,规则的修改或增加主要出于两方面原因:一是随着法律法规的陆续出台,平台需要对原有规则进行修改以符合新的法律法规的要求,或是应对法律法规要求出台新的规则条款;二是对平台经济活动中不断出现的新模式、新问题与可能存在的规则漏洞进行补充和覆盖。国家法律对平台经济的规制越来越完善和细致,平台也在不断推出新的业务板块,使得平台规则如同滚雪球一样,形成庞大而繁杂的规则体系。

平台的交易规则主要以服务条款、使用条款、公开声明、终端用户协议等形式存在(薛虹,2014),主要分为以下几类(见表3.1)。

平台与政府

表 3.1　平台交易规则类别

序号	规则类别
1	交易安全保障措施:定义用户资格和交易的有效性与可执行性
2	责任与风险的规定:定义交易平台的责任、权限、免责条款等
3	知识产权条款措施:保护相关各方的知识产权
4	信用评价机制:对买卖双方的信用情况进行评估评价
5	消费者权益保障和相关数据管理、保护措施
6	信息内容管理相关措施
7	用户违规处罚和争议解决措施
8	规则的使用对象、范围和期限
9	规则修改的程序和规定等

　　平台规则不仅详细规定了平台自身与双边用户的合同关系,并且对交易双方之间的合同关系也做出了明确规定,交易双方一旦发生争议,作为第三方的平台有权通过事先建立的争议解决规则对争议进行处理。

　　以我国最大的电子商务交易平台淘宝网为例,淘宝网公示的各类规则主要包括基础规则、行业规范、营销规则、公告通知、实施细则等,构成了十分庞大的规则体系,现撷要整理详见表 3.2。

表 3.2　淘宝平台的规则体系

规则类型	规则示例
基础规则	《淘宝规则》《淘宝网评价规则》《淘宝平台争议处理规则》等基础规则以及《淘宝禁售商品管理规范》《淘宝定制商品管理规范》《淘宝商品品牌管理规范》等管理规范
行业规则	《淘宝网化妆品行业标准》《淘宝网出版物行业标准》《淘宝网食品行业标准》等行业标准以及《淘宝网通讯市场管理规范》《淘宝网租赁市场管理规范》《淘宝直播平台管理规则》等细分规则
营销规则	《淘宝网营销活动规则》《淘宝价格发布规范》《淘宝店铺自营销活动规则》《淘宝营销工具"淘宝购物券"使用说明》等营销规则

续表

规则类型	规则示例
消费者保障	《淘宝七天无理由退货规范》《淘宝网"免费换新"服务标准》《淘宝网"延期赔付"服务标准》等
实施细则	《淘宝规则定义实施细则》《违规行为处理的规制与实施细则》《淘宝网出售假冒商品认定和处罚规则与实施细则》《假冒商品问题争议处理实施细则》等
公告通知	《关于加强发布广告信息(二维码形式)管理的公告》《关于淘宝网生鲜类商品品质抽检标准的公告》《关于加强淘宝网检验检测类目准入的公告》《关于淘宝网代购商品发布规范的公告》等

资料来源:根据淘宝网公示的规则整理,详见 https://rule.taobao.com/index.htm。

复杂而繁多的平台规则为平台处理大量同质纠纷提供了有效依据,在某种程度上提升了平台治理的效率,保障了平台经济活动的有序开展。但也正由于平台规则的复杂与繁多,用户在接受协议规则时难以阅尽全部规则内容,往往在对规则不知情的情况下选择默认,以致在平台规则体系中,用户实际上由于知晓成本而处于信息不对称的弱势方,平台规则对用户来说既是规制手段也是控制方式。

三、平台治理与政府治理的特征比较

在网络市场治理中,正是因为平台治理在治理基础、治理工具、治理方式上与政府治理有所区别,在许多方面能够与政府治理形成互补,因而平台治理作为政府治理的补充而存在。政府治理的特征已被我们所熟知,表3.3通过对政府治理与平台治理的特征对比,梳理了政府治理与平台治理在治理类型、契约形式、治理依据、强制程度、治理工具等方面的特征,以期能够通过对比更好地刻画和理解政府与平台作为网络市场两种不同的治理主体的各自特征。

平台与政府

表 3.3 政府治理与平台治理的特征对比

特征	政府治理	平台治理
治理类型	公共秩序	私人秩序
契约形式	正式契约	关系契约
治理依据	基于法律	基于合同
强制程度	强制性	非强制性
治理工具	行政手段	技术和市场手段

从治理类型和契约形式来看,政府治理是建立在正式契约基础上的公共秩序治理,而平台治理则主要指建立在关系契约基础上的私人秩序治理。治理对市场来说主要是指一系列为市场经济的良好运行提供产权保护、契约执行和公共物品等基础性制度支持的公共秩序和私人秩序(Durlauf et al.,2008)。公共秩序源于法庭等基于正式契约而建立的第三方强制力量,而私人秩序则是源于行动参与者之间的私下约定,因此私人秩序也被视为一种关系契约(McMillan et al.,2000),即由契约的未来价值所维持的非正式安排(Baker et al.,1994)。一般情况下,契约的执行需要第三方提供基于法律制度的强制性保障,但是在法律制度建设滞后、法律不健全的情况下,关系契约在一定程度上可以替代正式契约。对网络平台来说,平台本身扮演着交易中的信息中介和执行中介的角色(吴德胜,2007),平台连接的买卖双方的交易合同关系以及平台所创建的在线声誉机制等,平台利用建立在多边关系契约上的私人秩序治理机制,实现了缺乏法律保障时关系契约对市场交易的保护(Greif,1993)。

从治理工具和强制程度来看,政府治理以法律为依据,以行政手段的运用为特征,其规制具有强制性;平台治理以合同为依据,以技术和市场手段的运用为特征,其规制体现为非强制性。网络平台的平台交易规则将交易涉及各方的合同关系都纳入平台的规则体系中,并且能够对合同各方产生约束力,对用户之间的争议起到调解处理和规制的作用。当交易纠纷涉及金额较小、情节较轻、同类纠纷发生率较高时,平台基于合同的治理能够缩减法律治理所需的程序和环节,起到提升治理效率的目的;

但也正由于私人秩序治理的非强制性特征,平台治理缺乏政府治理的强制性,呈现出较为松散的合同约束关系。此外,相比于政府治理所采用的行政手段,平台治理往往依托其数据优势和技术优势采取技术手段进行治理。研究表明私人的第三方中介相比法庭来说拥有更多的信息和专业知识,能够以较低的成本做出事实判断,对可能无法由法庭进行证实的纠纷依托专业知识实现证实。平台治理所采用的技术手段,在网络市场交易依靠传统法律途径取证困难的情况下,可依靠技术路径和用户数据信息优势实现取证和证实。

基于以上特征,平台治理作为网络市场治理存在系列困境下的政府治理的补充,具备以下治理优势:

第一,数据优势。在网络社会中,人们的行为轨迹看起来了无痕迹,实际上被完整地隐藏在数据之中,数据拥有者可以通过大数据分析实现个人行为的追踪与还原。网络平台收集用户的浏览数据、交易过程数据、物流地址数据、支付数据、出行行为数据、信用评价数据等近乎全过程链数据,这些数据在发现问题、认定责任、处理纠纷中能够发挥不可替代的作用。掌握行政机关无法掌握的详尽数据,是平台治理具备的优势之一。

第二,技术优势。用技术改善社会治理已是当下社会发展的趋势,互联网创生出许多新的市场活动方式,图片、音频、视频的识别与分析也成为网络市场治理的重要领域,基于云计算和大数据的分析技术不仅能实现问题的及时发现、证据的及时保存,还能够进一步实现问题的有效预防。此外,网络平台还能够利用技术优势解决"量"的问题。网络市场体量巨大,用户数量、交易数量、产品数量甚至纠纷数量都是海量级别,按照传统的行政处理方式需要耗费大量的人力、物力和财力,而技术治理则可以通过程式化的设置实现对海量问题的批量处理。

第三,效率优势。一方面,网络平台借助其技术优势能够实现市场准入的批量审查、交易纠纷的批量处理,在减少人力、物力、财力的耗费上提升治理效率;另一方面,平台规则作为柔性治理手段,在市场治理中具备更大的灵活性。相比法律法规的出台需要经过严密的论证和立法程序,平台规则能够做到对市场变化的快速反应、应变处理和详细解读,也能柔性地嵌入法律体系,有效地配合法律法规的实施并弥补法律的不足,从而提升市场治理的效率。

第四,集成优势。当今的超级网络平台早已突破单一的业务经营类型,成为集购物、社交、金融、娱乐等多功能于一体的综合性平台,平台的集成性在一定程度上打破了行业、用户不同行为领域的数据壁垒,在对用户生活实现全面覆盖的同时,有助于线上线下一体化社会信用体系的建立,也因不同领域数据的相互补充和相互验证而对市场治理有更大助益。网络平台的集成性已成为未来平台商业发展的最大优势之一,也为市场治理和社会治理提供了更多可能性。

第二节 "平台—政府"双层模式的治理架构

随着平台经济的火热和由此引发的人们对平台现象的广泛关注,许多研究者关注到网络平台作为治理主体参与网络市场治理的现象,也对政府治理与平台治理的关系展开了相关研究。汪旭辉(2015)针对平台型网络交易受到平台规则与法律规定双重约束的现象,提出了"平台—政府"双层管理范式的设想;孟凡新(2015)研究了淘宝平台的发展过程,认为其形成了由政府规制外生秩序、网络平台内部规则秩序和交易自组织内生秩序组成的"多圈层、差异化"治理结构;许可(2018)认为基于网络平台的规制形成的是"政府管平台,平台管其他主体"的自上而下的线性规制结构。可以说,在网络市场治理中,网络平台在传统的治理主体政府与被治理主体市场参与者之间形成了一个中间地带,扮演着承上启下的角色。而平台作为政府与市场大众之间的中间结构,在市场治理中起到的是替代政府的作用,还是分担政府职能的作用,抑或是扮演着作为治理"承包者"的角色,还需要从它们所形成的治理结构中得到答案,进而才能更好地理解"平台—政府"双层治理模式的内涵。

一、政府—平台:政府向平台的治理"发包"

作为链接政府与市场的中间结构,网络平台既是规模性的平台型网络市场的市场组织者,也是市场中具有寡头垄断性质的市场主体。近年来,政府在试图介入网络市场治理的过程中,逐渐形成了将部分治理任务打包给平台企业,向平台企业进行治理"发包"的治理模式。

涉及政府的任务发包,就不得不提到周黎安(2014)的"行政发包制"。周黎安将企业治理理论中的发包制与雇佣制引申到政府的内部治理中,用"行政发包制"这一概念来描述介于韦伯意义上的科层制与纯粹的外包制之间、在政府内部上下级之间进行发包的治理结构。行政发包嵌入政府组织的上下级关系之间,其相应的治理结构和运行逻辑对中国高速发展时期的政府间关系、国家治理能力等具备较好的解释力。依循发包制的思路,有学者对网络治理中政府向企业的发包进行了研究,并将其概括为"行政外包制"或"政企发包制",例如于洋等(2018)将政企发包制概括为"政府部门将网络事务治理权发包给非公有制企业并附加相应激励机制,同时自己保留监督权与最终奖惩权的治理模式"。无论是行政外包还是政企发包,其本质都是政府将原本属于政府权力和责任范围内的市场规制任务转移给互联网平台企业,由平台企业承担旗下平台型网络市场的治理任务。与行政发包制不同的是,政府向平台企业的发包是政府组织向政府外的企业组织发包,行政发包制中政府内部上级对下级的行政权分配、经济激励和基于人事与考核的内部控制等机制都不再适用,网络市场治理中政府向平台企业的"发包"具备新的特征。表3.4梳理了行政发包制与政府向平台发包在发包内容、激励机制、权力结构等方面的异同之处。

平台与政府

表 3.4　行政发包制与政府向平台发包的特征对比

特征	行政发包制	政府向平台发包
发包内容	增长性任务	规制性任务
激励机制	正向激励	负向激励
整合性与协调性	强	弱
权力结构	发包方正式权威＋承包方自由裁量	
权力过程	执行权与监督权分离	
考核机制	结果导向	

在发包内容上,行政发包制以中央向地方层层分解的增长性任务为主要特征,而政府向网络平台的发包则以规制性任务为主,主要包括对平台型网络市场的内容监管、主体管理与合同纠纷处理等。增长性任务更多地赖于对资源的动员与调用,地方政府作为承包方对其所管辖的企业等经济主体更多地扮演着支持、促进的角色,对增长的过度追求还使地方政府对所辖企业的一些违规违法行为采取"睁一只眼闭一只眼"的选择性执法态度(陈国权等,2015),增长的背后往往是规制的宽松。与之相反,平台所承担的规制性任务以约束和限制为主要特征,平台要完成规制性任务,更多地扮演着对平台卖方主体实施审查、处罚的角色,对本身即存在"非法兴起"意味的网络市场组织者来说(胡凌,2016),也是对平台自身的"刮骨疗伤",严格的规制背后也意味着对平台经济"野蛮生长"的抑制。

在激励机制上,行政发包制以正向激励为主,承包方拥有"交够上级的,剩下的就是自己的"的剩余索取权,能否获得更高的财政预算和人员福利待遇与行政人员的努力程度高度相关;而在政府向平台的发包中,发包方对承包方的激励主要是负向激励,承包方执行对网络市场的规制任务的预期并非因任务完成而获得相应的奖励,而是避免因完不成任务而受到相应的惩罚。政府对平台施加的惩罚主要有两种形式:一是依据法律法规对平台做出的直接处罚,包括罚款、责令整改、停业整顿甚至关停等处罚措施;二是向平台施加声誉压力,利用媒体曝光等形式使平台在市场中的声誉受到影响,从而迫使平台加大规制力度。第一种惩罚措施对规模较小的平台有较大的威慑作用,对超级网络平台来说微不足道,而政府出于稳定市场和发展经济的目的也甚少会采取更加严厉的处罚措施;与之相比,声誉压力能够对超级网络平台造成更大的影响,超级网络平台对市场的舆论反应更加敏感,政府的信息披露、问题曝光往往具有较强的公信力,能够对平台声誉产生巨大影响。2015 年,国家工商行政管理总局发布了一份网购监测报告,其中关于淘宝网平台抽检假货比例的内容,导致阿里巴巴市值两天内缩水 300 亿美元,足见声誉压力对平台的负向激励作用。行政发包制中,中央向地方发包的增长性任务和正向激励机制能够与地方的发展意愿在某种程度上实现激励相容;但在政府向平台的治理发包中,政府给予平台的规制性任务和负向激励与平台自身的盈利增长意愿之间难以形成激励相容,而是存在着持续的张力。

在整合性与协调性上,虽然行政发包制与经典科层制相比其整合性与协调性要略逊一筹,但行政发包制一般存在于政府内部的上下级之间,发包方与承包方(或者说是委托人与代理人)仍然是处于同一权威框架之内,整合性与协调程度相比不同组织之间仍然较强。政府向企业的治理发包中,发包方与承包方分属不同的组织性质,二者之间并非上下级关系,而是作为发包方的政府对作为承包方的平台企业进行监管的外部控制,基于行政权威和资源依赖的外部控制与上下级之间的内部控制相比,机制运作的整合性与协调性都相对较弱。

在权力的分配结构上,政府向企业的治理发包与行政发包制类似,都存在"发包方正式权威+承包方自由裁量"的结构模式。在行政发包制中,中央政府对地方政府、上级政府对下级政府拥有政治意义上的正式权威并通过人事控制权实现对地方官员的实际控制,发包任务下达后,承包方地方政府对于如何实现目标、用什么方式实现目标则具有非常大的自由裁量权。对于政府向平台的治理发包来说,政府拥有法律法规所确认的正式权威和依据法律法规进行执法的实际权力,发包的治理内容以明确写入法律的正式制度和临时决定、约定、惯例等非正式制度共同作用加以确定,一般情形下政府只对网络市场治理的目标、宗旨、具体领域做出要求,平台企业在如何治理、用什么方式进行治理上拥有较大的自由裁量权,往往是技术监测、准入限制、经济处罚等手段的综合运用。

在权力的分配过程上,政府向平台的发包与行政发包制相同,都存在执行权与监督权的分离。结构与过程是对权力进行系统分析的双重视角,结构关注权力关系的形态表征及其背后的力量关系,而过程则关注权力运行的实际过程及其微观机制。在我国,按照政治分工的效率原则可以将政府管理过程分为决策、执行与监督三个不同的环节(陈国权等,2018)。在行政发包制中,中央政府负责宏观决策,将执行权和部分决策权下放给地方政府,同时保留监督权,以垂直的监督体系实现对发包任务完成情况的掌控。在政府向平台企业的治理发包中,同样是政府决策发包任务的内容,并将执行权与部分决策权下放到网络平台且保留对平台治理的监督权,以"对平台的治理"监督平台自身的治理效果。

在对承包方的考核上,政府向平台的治理发包与行政发包制一样,都存在结果导向。执行权与监督权的分离以及承包方拥有一定的自由裁量权,使发包任务的委托人和代理人之间存在较强的信息不对称壁垒,即使发包方保留了监督权,其监督能力也是有限的,"行政事务的层层发包之后,上级对下级的监察能力其实相对有限,只能依靠例行检查、专项整治和结果考核"(周黎安,2014)。特别是在大数据时代,由于技术门槛限制和对涉及商业机密的数据信息的保护,政府更加难以如实了解平台型网络市场的内部真实情况,只能更多地依靠运动式治理、定期抽检以及群众举报和媒体曝光等形式实现对平台治理的结果掌控。

以上对比研究表明,在网络市场"平台—政府"双层治理模式中,政府与平台之间存在着与行政发包制相似的治理发包关系,政府将网络市场治理的规制性任务打包给网络平台,同时给予其充分的自由裁量权和具体的执行权,并通过结果导向的考核和以施加行政处罚与声誉压力为特征的负向激励实现对平台治理情况的监督,以此保障治理发包机制的有效运转和网络市场治理目标的顺利达成。

二、平台—用户:平台型网络市场的混合治理

平台型网络市场作为由平台和双边或多边用户组成的既有相对明确

的边界又具备动态开放特征的特殊市场形式,既具备科层式组织的自上而下指令传递的组织特征,也具备自由市场依靠市场竞争配置资源的市场特征,同时还具有社群组织自下而上的自组织特征。平台型网络市场的治理是综合了层级机制、市场机制和自组织机制的网络化、混合型治理机制,在市场秩序的规制层面主要表现为平台对用户的规制和用户的自组织秩序。

在威廉姆森的交易成本理论影响下,市场组织与科层组织一直是企业治理机制的两种选择,随着市场的复杂演进,介于市场组织和科层组织之间的网络组织形式被正式提出,网络组织是一种在其成员间建立强弱不等的、形式各样的联系纽带的组织集合(张康之等,2010)。在对网络治理机制的研究中,格兰诺维特(Granovetter,1985)、鲍威尔等(Powell et al.,1990)等较早发现了信任机制在网络治理中的作用,以此为特征的自组织机制被认为是市场组织与科层组织之外的第三种治理模式(罗家德,2010)。与传统组织相比,互联网从一开始就拥有了"自组织"的更多可能,网络空间的演化、网络社区的建构、网络信息的生产与传播和网络在线集体行动等,都成为自组织机制发挥作用的土壤。在平台型网络市场中,用户的自组织治理是平台型网络市场治理的重要组成部分,是降低平台治理成本的有效途径,也是在平台占据治理优势的情形下用户表达诉求、进行抗争的有效方式。平台型网络市场中的自组织体现在用户成员为适应外部环境变化和内部激烈竞争,通过与其他成员形成共生关系并促使协作结构、机制和功能的不断优化,进而实现自我服务、自我维系和逐渐完善(Gershenson,2007)。平台型网络市场中的自组织秩序主要可以分为自组织服务和自组织联盟两种形式。自组织服务即供应链上下游的关键用户群体在产业链上实现合作和服务,例如腾讯微信平台衍生的微信公众号运营专业服务、自媒体营销推广定制服务,阿里淘宝平台的网店装修服务等。自组织联盟是指平台型网络市场成员间在利益共享的基础上形成的优势互补、分工协作的松散式网络化联盟(胡岗岚,2010),淘宝平台的商盟最具代表性,既有行业性商盟,也有区域性商盟,通过商盟的外部效应降低交易成本、增加盈利空间,在互惠的同时以自组织规则规范成员经营行为,防止恶性竞争;除了稳定的商盟外,还有用户为了某个维权目的自发形成的短期联盟或临时联盟,为维护利益有组织地向平台或公共部门进行集体抗争。

用户的自组织秩序在一定程度上能够降低平台的治理成本,但在平台型网络市场的治理中主要还是依靠平台对用户的规制。平台的架构决定了平台具备对用户进行规制的能力。平台规制对平台用户有较强的强制性和有效性,这也是"平台—政府"双层治理模式得以存在的重要原因,平台将法律规定以及政府的治理发包任务内化为平台的规则,以资质审查、日常监测、违规处罚等形式对政府的部分监管职能行使替代作用。平台对用户的规制主要包括以下几个方面。

(一)资质审查

由于网络经济活动的虚拟性,对网络商品、网络经营者和网络服务提供者真实情况和真实身份的掌握是解决问题和纠纷的关键。资质审查是平台对于市场准入的源头规制,主要包括实名制登记、符合法律规定的资质许可的形式审查等,资质审查的内容和要求一般由法律法规直接做出相关规定。例如2018年《电子商务法》第二十七条规定:"电子商务平台经营者应当要求申请进入平台销售商品或者提供服务的经营者提交其身份、地址、联系方式、行政许可等真实信息,进行核验、登记,建立登记档案,并定期核验更新。"针对资质审查是否要求平台对用户提交信息的真实性负责目前尚有争议,但主流观点认为网络平台只需按照合理的注意义务的标准做到形式审查即可。

(二)事中监管

事中监管是平台在日常运营阶段的常规化规制,是指平台主动采用技术手段或其他措施,对平台用户的行为进行一定程度的监测,以便及时发现违法行为。平台的事中监管主要有安全监管、侵权行为监管以及信息内容监管等。安全监管既包括对防止用户个人隐私信息泄露的保护,也包括对网络攻击、病毒、交易安全和资金账户安全的防范、监测和事后处理;侵权行为监管主要是对可能存在的侵犯知识产权行为进行技术性的审查以确认商品或服务的真实性,预防和阻止侵权行为的发生;信息内容监管主要是利用信息过滤和筛查技术对违规的信息内容、广告等进行监测和处理,以保证平台信息内容的合法性。关于平台是否应对侵权行为等进行主动监管目前仍存在较大的争议,但除了主动监管之外,平台还须对收到举报或通知并核实的侵权行为履行处罚的义务。

(三)信誉管理

信誉机制是网络平台作为第三方为了减少交易成本和治理成本而衍生出的私人秩序治理机制。网络市场中的信用评价和反馈机制首先由eBay 创立,后来被电子商务网站普遍采用,现在几乎推及所有平台型网络市场,前期成功交易用户的评价反馈成为后续用户决定是否进行交易的重要参考,当某一用户的累积评价分数低于某个规定值的时候,平台就会采取禁止用户交易等限制措施。信誉机制为卖方用户的优胜劣汰、自我规制和买方用户的趋利避害提供了极大便利,在很大程度上减轻了外生秩序的规制压力,减少了平台的治理成本。除了信誉机制外,平台的内生秩序治理机制还包括了平台担任在线争议的第三方调解机构、针对交易不信任问题开发的第三方托管机制等等。

(四)协查报告

协查报告主要是指平台对政府执法进行的协助配合和对违法行为进行的主动报告。网络社会背景下,政府比以往更加依赖外部组织尤其是网络平台的信息和数据支持,特别是在犯罪治理的语境下,平台在执法过程中需要协助进行相关的信息收集、存储、监控、审查、披露和报告,在某种程度上成为监管者的延伸(裴炜,2018)。除了协助配合之外,平台还需对发现的违法行为或者线索进行主动报告。

在对平台内容信息和用户行为进行审查、监测和管理的同时,对违反平台规则的用户或行为进行处罚是平台规制的事后部分。平台规则中详细规定了不同类型、不同程度的处罚措施,表 3.5 列举了淘宝、微信、滴滴三个典型平台所制定的违规处罚措施(解志勇等,2017)。

表 3.5　网络平台制定的违规处罚措施

网络平台	违规处罚措施
淘宝	扣分、信息删除、公示警告、商品下架、商品搜索降权、支付违约金、店铺屏蔽、限制发送站内信、限制社区功能、限制发布商品、关闭店铺、查封账户等
微信	删除被举报内容;对违规账号处以警告、删除关注用户、限制使用部分功能、账号封禁、注销;取消账号认证身份、临时或永久封禁相关账号认证资质
滴滴	扣除订单减免金额、扣除当日全部奖励、不再派发订单、封禁账号、重新培训、解除合同、永久封号

平台所制定的处罚措施与政府的行政处罚以及司法处罚相比,尽管在程度、力度和强制性上都可能有所不及,但平台规则具备覆盖范围广、嵌入程度深、规制成本小、规制流程简等优势,能够将绝大部分的平台型网络市场治理内容放在平台治理层面上消化,综合层级、市场和自组织三种模式的平台型网络市场的混合治理能够取得良好的治理效果。

三、"平台—政府"双层治理模式的运作机制

在网络市场治理中,平台与政府的合作模式实际上构建了平台型网络市场的双层治理结构,政府通过对平台的治理,将分散的、海量的、微粒化的治理需求转化为集中的、少量的、一体化的治理对象,平台利用其架构优势和技术优势对平台海量用户实施技术化治理,从而形成政府治理平台、平台治理用户的双层治理模式。"平台—政府"双层治理模式得以形成,要归功于平台与政府二元治理主体间的协同,在宏观层面上表现为平台与政府间的协同,在微观机制上呈现为平台规则与法律制度间的协同。图 3.1 展示了"平台—政府"双层治理模式的运作机制,刻画了政府向平台发包、平台规制用户双层治理过程中法律制度、平台规则、用户自组织秩序间的互动与进化过程。

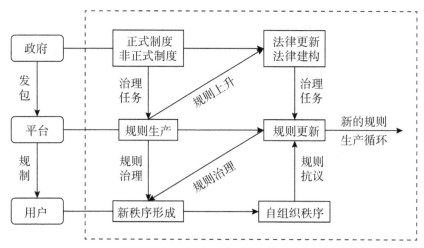

图 3.1 "平台—政府"双层治理模式的运作机制

注：为了表达清晰，图中省略了政府对平台型网络市场用户直接治理的过程。

在"平台—政府"双层治理模式中，平台型网络市场的对应政府主管部门依据既有法律法规等正式制度和领导决策、临时会议决定等非正式制度，将治理任务进行打包并发包给网络平台，网络平台结合既有的内生秩序和政府发包的外生秩序要求进行规则生产，对平台用户实行规则治理，推动平台型网络市场新秩序形成。在这个从发包到治理的链条中，平台在规则生产过程中的治理实践和规则创新可能成为网络领域立法的参考，并进一步上升为法律的具体规定，而既有法律的更新和新的立法出现又带来了新的治理任务发包，进一步促使平台规则的更新。与此同时，平台规则治理带来的网络市场新秩序催生了用户群体的自组织秩序，用户群体自组织的利益诉求和规则抗争也能够在一定程度上对平台治理产生影响，促使平台进行规则更新；而更新后的平台规则又进入新的平台治理和平台规则生产循环。

从另一个角度看，"平台—政府"双层治理模式中政府与平台的治理分工背后，实际上是对政府和平台的治理责任界定。政府向平台的治理"发包"，也是政府以正式或非正式的途径向平台施加的治理责任，以发包的形式分配治理责任，说明在网络市场治理中政府与平台间的责任边界仍然是模糊的、难以清晰界定的，这种模糊的责任分配和协作关系必然使平台与政府共同构成的双层治理模式在实际运行中存在许多不确定和不稳定因素，导致如今网络市场治理中的复杂现状。

我们用一个事例来展现"平台—政府"双层治理模式的运作机制，即近期腾讯公司对微信公众号的集中整治。

随着互联网对传统传播渠道和方式的颠覆，自媒体成为公众接收信息的重要渠道，催生出体量巨大的信息产业链。克劳锐发布的《2018年自媒体行业白皮书》显示，2017年，新媒体行业从业人员数量达300万人，微博、微信等社交媒体平台成为自媒体的主要阵地。其中，腾讯旗下的微信平台全球月活跃账户数超过10亿个，日登录用户数达9.02亿人，巨大的用户体量和高用户黏度使微信成为自媒体运营发展的温床，微信公众平台中的公众号总数已突破2000万个，公众号月活跃账号数达350万个。2017年，仅微信这一平台就为腾讯带来60.71亿元的广告收入。可见，微信作为社交媒体平台的典型代表，具有海量的用户基础，其公众平台上的公众号依托海量用户不断发展壮大，形成规模性影响。

微信公众平台于2012年8月在微信平台上线，上线之后，微信针对公众平台上出现的一些问题如诱导分享等陆续出台了一些具体规定。2014年4月，微信正式出台了《微信公众平台运营规范》，对公众号运营中的违法违规行为、公众号发送内容、数据使用等事项做出系统的界定与规范。随着国家新的法律法规的陆续出台以及微信公众平台新问题的不断产生，《微信公众平台运营规范》也不断进行着版本的更新迭代，对规则内容进行更新。例如2017年5月和9月，国家互联网信息办公室相继发布《互联网信息服务管理规定》和《互联网用户公众账号信息服务管理规定》，将公众号等自媒体纳入国家监管体系，对自媒体行业产生较大影响，微信也根据这两个规定的相关要求，对平台治理规则进行了相应的修改和更新。

尽管微信对公众平台的运营管理出台了十分系统而详细的管理规定，也实行了较为畅通的投诉举报机制，但近年来公众号违规违法运营的情况仍然层出不穷。针对愈演愈烈的自媒体乱象，以国家网信办为首的网络治理部门一方面启动集中整治行动,一方面对聚集大量自媒体的重要平台不断施加治理压力。在中央政府层面,2018 年 7 月,国家版权局、国家网信办等部门联合启动打击网络侵权盗版"剑网 2018"专项行动,重点打击微博、微信公众号等自媒体未经许可转载、歪曲篡改、抄袭剽窃等侵权现象;10 月 20 日起,国家网信办会同其他相关部门,针对自媒体账号存在的乱象开展集中清理整治专项行动。据国家网信办统计数据,截至 2018 年 11 月中旬已有 9800 多个自媒体"大号"受到依法依规全网处置。在向微信平台施加治理压力、进行任务发包上,2018 年 10 月 26 日,全国"扫黄打非"办公室和国家新闻出版署就微信公众号关于色情低俗内容的管理对微信平台经营方进行约谈,要求微信平台加强内容及资质审核、清理低俗信息及完善举报受理机制;11 月 12 日,国家网信办约谈微信平台经营方,要求平台立即对平台自媒体账号进行"大扫除",坚决清理涉嫌色情低俗、造谣、抄袭侵权、恶意炒作营销的问题账号,向平台施加治理责任压力。

自 2018 年 10 月 20 日国家网信办开展专项整治行动至 11 月 12 日国家网信办约谈微信的短短 20 余天时间内,微信在其官方公众号"微信派"连续发布 4 篇关于清理微信公众平台违规内容的推文,并在 11 月 12 日约谈后发布了《关于开展自媒体清理整治专项行动的公告》,并同时公布了 2018 年微信公众平台对不良内容的处理情况,包括封禁及处理发送色情暴力内容账号 38761 个,删除相关文章 60919 篇;封禁及处理发送低俗类内容账号 115540 个,删除相关文章 174825 篇;辟谣文章 10.5 万篇,删除谣言文章 10521 篇;处理涉及抄袭的投诉近 8 万单,处理涉嫌侵权的账号 5 万个、文章 3 万篇等。专项整治行动开启后,微信更是加大整治清理力度,大量涉嫌违法违规公众号受到永久封号处理,公众号运营者一时间"人人自危",大量违法违规内容和账号在微信的平台治理这一层面受到了规制。

在对微信公众平台上的公众号自媒体进行规制的过程中,典型地体现出了"平台—政府"双层治理模式的基本逻辑:国家网信办等互联网治理相关部门将公众号等自媒体规制的任务发包给微信平台,微信平台依据发包任务的要求进行规则生产与更新,并对平台公众号用户进行规制,形成"政府发包—平台规制"的双层治理结构。

第三节 "平台—政府"双层治理模式的对比分析

从社会治理和公共服务的供给角度看,"平台—政府"双层治理模式中的网络平台及其背后的互联网平台企业实际上也发挥了承担公共职能、参与公共治理的作用。互联网平台企业作为政府之外的治理主体承担公共职能并不是首创之举,自发起于西方的公共管理运动开始,政府公共服务外包、发挥 NGO 等非营利性社会组织的治理作用等治理理念已扩散至全球范围。在计划经济时期,我国的国有企业也承担了大量与社会和市场相关的治理任务,在中国的经济发展和市场规制的进程中留下了深刻痕迹。此外,行业协会、地区商会等在经济发展特别是民营经济发展过程中也对市场治理起到了重要作用。通过对"平台—政府"双层治理模式与非政府主体承担公共职能的其他几种形式的对比,能够更加全面地认识"平台—政府"双层治理模式的内涵以及其作为新的治理模式的特殊含义。

一、非政府主体承担公共职能的几种形式

长期以来,政府作为公权力的载体,一直承担着公共事务治理的重要责任。私人部门、非营利性组织等非政府主体对公共治理事务的参与,反映了公共事务治理结构的变迁。不同的主体性质、不同的治理领域,使不同的非政府主体在与政府协同共治中存在着较大的差异。就我国的治理现状来看,除了本书所议的"平台—政府"双层治理模式外,较为典型的非政府主体承担公共职能、参与政府治理的形式主要包括:政府购买公共服务、国有企业承担公共职能以及行业协会参与公共治理等。

(一)政府购买公共服务

政府购买公共服务源起于 20 世纪八九十年代西方国家的公共服务

合同外包热潮。顾名思义,公共服务合同外包就是指政府通过与其他组织签订承包合同的形式来提供公共服务(萨瓦斯,2003);并且公共服务合同外包被普遍认为等同于政府购买公共服务,从政府购买的角度来讲,即"政府将原来直接提供的公共服务事项,通过直接拨款或者公开招标的方式,交给有资质的社会服务机构来完成,最后根据择定者或者中标者所提供的公共服务的数量和质量支付服务费用"(王浦劬等,2010)。西方发达国家在经历"滞涨"和"高福利陷阱"之后,开始探索提高政府行政效率、降低行政成本的行政改革路径,逐渐形成了由政府出资对公共服务进行购买的主流模式。特别是美国,联邦政府在美国公共服务体系中承担着资金提供者和监管者的角色,具体的服务则由第三方机构特别是非营利部门提供(萨拉蒙,2008),形成了几乎所有公共服务都可以进行外包的行政模式。

与西方国家公共服务购买模式中双方关系的独立性、竞争性相比,中国的公共服务购买模式更多地体现为独立性与依赖性、竞争性与非竞争性的交织,进而演变出公办公营、公办民营、合同购买、民办公助、民办民营等多种模式(蔡礼强,2011)。在公共服务的承接主体上,主要包括依法在民政部门登记成立或经国务院批准免予登记的社会组织,如各类社会团体、基金会、社会服务机构,以及依法在工商管理或行业主管部门登记成立的企业、机构等社会力量;在营利性质上,呈现出营利性与非营利性共存的局面。在政府购买服务的内容上,既包含了公共产品与服务,如教育服务、文化体育服务、医疗卫生服务、城乡社区服务等;也包含了政府履职所需的辅助性产品与服务,如信息技术服务、设备维修与保养服务、标准评价指标编制服务等。总的来说,虽然政府履职所需的辅助性事项服务中也包含了一部分规制性质的社会治理类职能,但大部分购买都属于承接政府公共服务性职能的范畴。

尽管我国政府以购买形式实现公共服务供应的规模与日俱增,占政府采购规模的比重越来越高,但依然存在许多尚待明确的争议和尚需解决的问题。操作层面,存在诸如适合外包的公共服务判断标准缺失、政府购买服务所需资金在财政预算中未能得到统筹安排等问题;制度层面,存在诸如无法保证公共服务外包比政府提供更有效率、更能提升服务水平和质量，未能有效避免政府购买公共服务中的供应商垄断、腐败滋生风险等问题。我国政府购买公共服务仍处于探索与细化的阶段。

(二)国有企业承担公共职能

国有企业在我国的经济发展历程中起着重要作用。除了所有权与经营权相分离的产权特征外，承担来自国家的非经济目标任务也是其重要特征之一。在国有企业管理体制改革历程中，虽然国有企业经历了从利润留成制到承包责任制再到建立股份制的现代企业制度的变革历程，承担非经济责任的内容也经历了从企业办社会到强调现代企业社会责任的变化，但助力国家宏观非经济目标的实现仍然是国有企业区别于私人部门最重要的特征之一。

林毅夫曾对转轨时期国有企业的政策性负担展开研究，认为国有企业预算软约束的形成源于国家施加的各种政策性负担。在林毅夫等(1998)的研究中，转轨时期国有企业承担的政策性负担主要包括以下几类：①国有企业需按照国家发展战略指定经营资本密集度过高、不具备市场竞争力的产业；②国有企业承担员工退休金和住房、医疗等其他社会福利支出的负担；③为解决日益增加的人口就业需要而增加的冗员负担；④国家渐进式转轨过程中为补贴消费者和没有自生产能力的企业而将某些产品和服务控制在市场均衡水平以下的价格扭曲。尽管国有企业的政策性负担在历次改革中不断减轻，但依然存在，国有企业确实承担了一部分本属于政府公共服务、社会治理和维护社会稳定的公共职能。

国有企业承担公共职能的情况还可以从其承担社会责任的角度进行理解。计划经济时期所有的生产性组织都是政府投资，国有企业不是独立和自负盈亏的经济实体，而更像是"同时具有生产职能、社会保障职能、社会福利职能和社会管理职能的'社区单位'"(刘世锦,1995)。国有企业的这种性质使其衍生出了"国有企业办社会"的职能职责，简言之，就是职工的"衣食住行、生老病死"都要由企业来负责，国有企业类似于一个浓缩的社会，承担了医疗、教育、体育、文化、社会福利保障等诸多公共服务职能。随着改革开放深入和市场化转型,国有企业承担的"办社会"职能使企业承担了过多的社会成本而削弱了竞争优势和经济效率的问题开始受到重视和反思,在政企分开的改革潮流下国有企业逐渐建立起现代企业制度,转向对市场竞争的适应和对利润的追求。而这一时期改革对国有企业社会职能的卸载又带来了相反方向的问题,即国有企业社会责任的缺失,体现为"企业把利润装入腰包,包袱甩给社会,责任由社会承担"(刘玲,2007)。在利益与责任失衡的情况下,2005 年以后国家开始强化和重塑国有企业的社会责任,2008 年国务院发布《关于中央企业履行社会责任的指导意见》,对中央企业的社会责任予以界定,国有企业进入经济责任、环境责任与社会责任多元化推进的阶段。

在新的时期,国有企业在承担社会责任时已超越先前强调被动性、工具理性的企业社会回应,转向强调主动性、价值理性的企业社会创新(肖红军,2018)。中国共产党第十八届三中全会进一步指出:"国有资本投资运营要服务于国家战略目标,更多投向关系国家安全、国民经济命脉的重要行业和关键领域,重点提供公共服务、发展重要前瞻性战略性产业、保护生态环境、支持科技进步、保障国家安全。"目前,国有企业仍然在承担弥补市场失灵、提供公共产品和服务职能中发挥着重要作用。

(三)行业协会参与公共治理

行业协会是成熟市场经济国家中普遍存在的一种促进经济领域各类公益性或互益性活动并提供相应公共服务的社会组织形式(张冉,2007),在政府与企业之间起着桥梁作用。因发端于计划经济向社会主义市场经济转轨时期,相比于西方国家,我国行业协会与政府之间存在着更为密切的关系。

诸多研究认为,"官民二重性"是我国绝大多数非营利组织在实际运作中所呈现的基本特征(王颖等,1993),对行业协会来说也是如此。在行业协会的分类上,徐家良(2003)从行业协会的推动者角度,将其分为政府主导推动型行业协会、企业自主推动型行业协会和政企合力推动型行业协会三种类型;黎军(2006)从行业协会与政府的关系角度,将其分为官办协会、半官方协会和民办协会；吴敬琏（2006）从行业协会的性质角度，将其分为政府授权的行业管理机构、中介机构和企业自发建立起来的民间组织；郁建兴（2006）根据主管部门的不同，将由政府部门作为业务主管的以承接政府转移职能为主的行业组织称为行业协会，由工商联（总商会）主管的源于各行业需求自发成立的行业组织称为行业商会。总而言之，行业协会（商会）在我国的社会公共治理中扮演着政府代理人、俱乐部组织和中介桥梁等多重角色（闫海潮，2017）。

在行业协会的职能上，以组织化的私立秩序承担政府转移的职能以及其他部分社会管理职能是学界对我国行业协会职能的共识。多位研究者尝试概括了行业协会的职能，其中维护权益、行业自律、公共服务和政策建议被认为是其较为基本的职能（王民等，2004）；但在实际的运作中，例如在参与市场治理中，行业协会实际发挥的治理效果往往有限。一方面，政府往往更倾向于将疲于应付的事务性工作向行业协会转移；另一方面，行业协会对市场的治理主要通过行业自律、行业规章以及非强制性的精神引导进行"道德上的约束"（郭薇等，2012），强制力不高。

总的来说，我国的行业协会自诞生以来就有天然的依附于政府的倾向，在市场治理中更多地扮演着政府助理或政府延伸机构的角色。并且由于行业协会多数由政府主办或由行政资源转化而来，行政化倾向较为明显。近年来，国家层面正在不断进行行业协会的去行政化，2015年颁发了《行业协会商会与行政机关脱钩总体方案》，启动社会组织体制改革。去行政化后，行业协会商会与政府部门的关系，以及实际操作层面的职能划分、人员调配、资金来源等问题，都还需要进一步的厘清与探索。

二、四种模式的对比分析

尽管本书所关注的"平台—政府"双层治理模式与政府公共服务外包、国有企业承担公共职能和行业协会参与公共治理存在相似之处，都属于非政府主体承担部分政府转移的公共职能、参与公共事务治理，但由于承担公共职能的主体性质不同、承担的职能类型不同、与政府关系的紧密程度不同等因素，几种治理模式间又存在较大的区别。表 3.6 通过对四种非政府主体承担公共职能模式的特征对比,剖析了"平台—政府"双层治理模式中网络平台承担公共治理责任的特殊之处。

表 3.6　几种非政府主体承担公共职能模式的特征对比

特征	网络平台	国有企业	行业协会/商会	公共服务外包
承担职能类型	规制性职能	发展性职能	综合性职能	服务性职能
政府补贴	无	部分补贴	部分补贴	全额购买
行政化程度	低	较高	较高	较低
盈利意愿	高	较高	低	较低

在承担政府转移职能的类型上,国有企业主要承担着国家战略性产业发展和关键领域建设的发展性职能;行业协会作为政府与企业之间的桥梁,既承担着促进行业发展的发展性职能,也具备服务会员企业需求的服务性职能,同时还有规范行业秩序的规制性职能,即行业协会承担的是综合性职能;政府公共服务外包的承包方通常承担文化体育、养老、医疗卫生、社区服务等经典公共服务任务,因此承包方承担的是服务性职能;而在"平台—政府"双层治理模式中,网络平台承担的是政府的部分市场监管职能,在职能类型上属于规制性职能。

在是否有来自政府的资金支持上,国有企业由于承担国家战略性产业发展任务,按照国家要求生产经营出现的亏损情况以及国有企业的政策性负担的存在,使国有企业能够部分获得政府的财政补贴;行业协会许多是由政府部门转化而来,并且一部分行业协会仍然承担着政府的延伸性行政职能,因而也能够部分获得政府的资金补贴;政府公共服务外包是由政府出资向承包方进行购买,因此承包方能获得全部补贴;与以上不同的是,网络平台作为私人企业,其所承担的规制性任务由法律确认为平台自身的企业责任,并且其履责成本和履责带来的损失无法明确衡量,因而政府对平台承担规制性职能没有资金上的补贴。

在行政化程度上,由于国有企业的产权性质和从计划经济时期转轨而来的特殊背景,国有企业与政府的关系密不可分;对行业协会来说,规模性和有影响力的行业协会往往脱胎于行政体系,并且行业协会对政府

平台与政府

有着天然的依附性,因此,国有企业和行业协会的行政化程度都相对较高。在政府购买服务中,由于政府与承包方之间更多的是发包与承包的经济关系,因此其行政化程度相对较低;互联网平台作为私人企业主体,同政府之间既无产权隶属关系,也无经济依附关系,与其他几种类型相比其行政化程度最低。

在盈利意愿上,作为私人企业,互联网平台企业以盈利为第一目标,在几种模式中具备最高的盈利意愿;国有企业虽有承担国家战略任务的责任,但改革后的国有企业仍以盈利为最重要的目标之一,盈利意愿也相对较高;政府公共服务外包的承包方虽然也有营利性的企业主体等,但公共服务外包的承接者仍然以非营利性组织为主,盈利意愿相对较低;而行业协会作为服务行业发展的公益性组织,其盈利意愿在几种类型中最低。

综上可知,在"平台—政府"双层治理模式中,网络平台既同其他模式一样承担了政府所转移的部分公共职能,但与政府之间又存在较弱的行政联系和依附关系;与其他模式所承担的发展性职能、服务性职能所拥有的政府补贴和正向激励相比,网络平台所承担的规制性职能体现的是无政府补贴和负向激励。这些不同于其他模式的矛盾特征,是形塑政府与互联网平台企业间关系的重要因素,也是影响"平台—政府"双层治理模式的形成和稳定性的关键所在。

第四章 "平台—政府"双层治理模式的形成——基于权力视角的考察

  网络平台作为市场主体之一,探究其如何突破传统"政府—市场"的结构桎梏,在作为监管者的政府与规模性市场中间,形成"政府—平台—市场"的治理结构,是理解网络市场"平台—政府"双层治理模式何以形成的关键。正如福柯所认为的,一切的力量关系都是权力关系,权力结构深刻嵌入网络市场的结构之中,市场的任何力量格局变化都离不开权力的运作,市场中任何力量格局的变化背后也都包含着权力结构变化的隐喻。为剖析网络市场治理中"平台—政府"双层治理模式的形成机理,需要厘清网络市场的权力结构相比传统市场发生了哪些变化,以及网络平台在网络市场权力体系中的权力大小、权力关系和权力位置如何。网络市场中的权力掌握在谁的手上?权力是如何取得的?权力的运作机制及其产生的结果是什么?这些都是隐藏于"黑箱"之中需要剖析解答的问题。

  本章旨在从权力的角度探究网络市场"平台—政府"双层治理模式的形成逻辑,主要关注网络市场中存在什么样的权力结构,以及网络平台何以拥有足够的权力,使其能够与政府协同形成"平台—政府"双层治理的共治模式。

第一节 网络权力研究的相关理论

  对权力的研究一直伴随着社会发展的进程,活跃在政治、经济、社会等各个领域,成为社会科学讨论的基本话题。权力本身内涵丰富,对其概念的界定也颇有争议,不同的价值观塑造了不同的权力认识。反过来,也正是这些多元的视角,构筑起了庞大的权力理论体系,为我们分析社会现象、研究社会变迁提供了理论工具。在政治哲学家和社会学家眼中,权力是影响力(Morgenthau,1978)、支配关系(Spykman,2007)、精英资源(Lasswell et al.,1963)和系统资源(Parsons,1967),是信息流的特殊类型(Buckley,1967),也是网络(Hobbes,1991)与预期结果(Martin,1977)的产物等。随着社会的发展进程,权力研究领域经历了"政治领域—社会领域—全部领域"的延伸,权力的主体从国家走向社会直至个人,同时权力的内在研究也经历了"准备—领域之争—内涵—因素—成因—形式—运作机制—运作结果"的过程(祝西冰等,2012),实现了从宏观到微观的转变。总的来说,从人类认识权力到网络社会兴起的历程中,展现出了权力类型由统治转向治理、权力关系由集权转向制衡、权力结构由等级式发展扩展至网络化发展、权力维度由平面扩展至空间、权力基础由劳动转向知识的演变轨迹,也透过"权力"这个窗口展现出了人类社会的变迁过程。

一、网络权力研究的理论转向

1999 年,英国政治学家 Jordan(1999)在他的著作中最先提出了"网络权力(cyber power)"这个核心概念,认为网络权力是组织网络空间与互联网上的文化与政治的权力形成。后续研究者从另一个角度将网络权力界定为"网络权力是流动于网民关系网络之中,网民个体或群体用以执行自身意志的社会力量"(宋辰婷,2017a)。对网络权力的研究成为网络社会权力研究的重要部分。网络权力研究与社会网络理论中的权力研究一脉相承,基于互联网建构起的社会形态本质上是网络化的社会形态,网络中的位置和知识成为决定谁在网络中拥有权力的关键因素。当互联网的发展带来社会生活翻天覆地的变化时,人类行动场域向空间的拓展和信息技术在权力场中越来越重要的作用,使对权力的研究产生了空间转向和技术转向的范式转变,技术拓展了时空,空间成为技术发挥作用的重要场所,空间转向和技术转向为理解网络社会权力场域拓展了新的视野。

(一)空间转向

20世纪70年代,资本主义的全球扩张、全球空间不均衡发展为资本带来的更多机会,以及快速城市化过程中城市空间的生产对经济增长带来的巨大推动力,促使人们把理论研究的视野聚焦于空间维度。权力研究的空间转向为理解网络社会的权力特征提供了空间视角。在空间转向风潮中,列斐伏尔(Lefebvre)、福柯和卡斯特(Castells)是最具代表性的人物。

1.列斐伏尔的空间理论

列斐伏尔的空间本体论理论框架是从基于社会空间的三个要素展开的,即空间实践(spatial practice)、空间表象(representations of space)和表现的空间(representational spaces)(Lefebvre,1991)。空间实践是社会空间物质建构的维度,空间表象属于社会空间被构想的维度,表现的空间更倾向于非语言的象征和符号系统(郑震,2010)。在列斐伏尔的语义里,空间超越了生产场所上升为一种生产对象,空间中事物的生产就转向了空间本身的生产(Lefebvre,1991)。列斐伏尔认为,抽象空间是权力的空间,空间的生产在某种程度上也是权力的生产,任何政权都会以它自身的方式去分割空间,并提供自己在空间中对事物和人民的话语权,空间可以说是在政治上居于支配地位的权力的工具,因而作为现代资本主义社会空间的抽象空间自身有其中心化的主导权力,而这一权力的运作是排他性的、受到掩盖的、暴力化的(Lefebvre,1991)。此外,列斐伏尔的空间思想还关注了现代社会一种常见的空间形态——碎片空间,碎片空间在这之前是被权力忽视、被资本抛弃的,而随着信息时代社会化媒体的演进,空间的生产对象开始从正统的、公开的、社会化的资本空间转向缝隙化的、边缘性的碎片空间。如今微博、微小说、微电影等文化符号形态等成为碎片空间里最常见的填充物,正无缝进入日常生活的深层结构,通过碎片空间的社会化途径重构着社会关系(刘涛,2015)。

2. 福柯的空间权力理论

福柯(2007)对空间的研究视角集中于空间中的权力和知识。福柯认为空间是物质和观念的混合体,权力与知识通过空间联系在一起,权力必须在空间中才能生产知识并通过知识去发挥作用,权力安排和创造了空间,也只有通过空间才能行使权力。基于这种权力的空间性,福柯借用边沁(Bentham)所设想的"全景敞视监狱"来描述权力在空间中的到场,现代社会的权力是隐匿性的普遍存在,看与被看、可见与不可见构成了敞视空间中的权力关系,权力以一种简单高效的监视形式实现了对新主体的规训与生产。福柯之后,随着信息技术和互联网的发展,权力的"监视"从"全景敞视"中的"少数人看多数人"发展到更为夸张的"监视"状态,衍生出"多数人看少数人"的"对视监狱"(Mathiesen,1997)以及"多数人看多数人"的"全视监狱"(Rosen,2005),"监控的密集化"成为现代社会体系发展的基础和重要特征。

3. 卡斯特的流动空间与权力

卡斯特对空间与权力的研究是通过对网络社会的研究体现的。作为网络社会研究的奠基者,卡斯特(2001)认为网络是由一组"相互连接的节点(nodes)"组成的,新信息技术范式是网络社会的物质基础,在信息技术的作用中新的社会空间形成,体现为流动空间(space of flows),网络社会中一切事物都围绕信息、资本、技术的流动而建立起关系结构,网络空间通过网络节点和核心之间的流动实现其信息化、社会化,并与其他空间发生着动态的权力关系和资本关系。在流动空间中,网络社会权力不再集中于国家、资本企业或是媒介集团,权力"呈现出弥散状态,新的权力存在于由意志所建构的信息编码、图像及社会认同中"(胡海,2016)。

无论是列斐伏尔、福柯还是卡斯特,他们对权力的研究都存在片面性和有待批判之处。例如,列斐伏尔对空间权力的研究基于主观上的空间,在其空间中人的"身体"是缺场的;相比列斐伏尔,福柯将身体纳入空间建构了实在意义上的权力规训,但也因其客体主义立场而否定了主体的能动性;卡斯特站在对新社会形态的描述立场上分析了网络空间与权力流动,但其描述也因是对"当下社会"的关注而存在局限性。尽管如此,他们的研究带来了"空间转向",为我们在今天研究基于信息技术和虚拟空间架构的网络社会中的权力生成、结构和作用机制提供了有益借鉴。

(二)技术转向

知识对权力的配置作用研究早已有之,著名哲学家培根(Bacon)、社会学之父孔德(Comte)、哲学家海德格尔(Heidegger)等都就知识(技术)的工具性及其对社会进步的推动力和对人的作用做了描述;哈贝马斯(Habermas)对科学技术的权力特征的探讨、福柯对知识与权力关系的阐释、芬伯格(Feenberg)对技术代码的揭示以及波兹曼(Postman)对技术垄断的剖析等,也揭示出技术权力就是技术所有者或操控者所拥有的支配或控制他人的力量这一本质。随着科学技术的不断发展和应用的日益广泛,知识抑或技术在权力的生成、配置和效用中所起的作用成为权力研究特别是组织权力关系研究的关注点,形成权力研究的技术转向。

对知识权力的系统研究是在创新网络与网络能力的研究中展开的,其基本观点是知识在网络中具有决定性作用,甚至影响网络的生成。知识权力来源于对关键知识的控制和支配(Rajan et al.,1998;Latiff et al.,2008),网络中企业能否拥有核心位置在很大程度上取决于其对知识的掌控和运用能力(Clercq et al.,2008)。技术作为一种知识,是现代企业代表性的关键知识资源,技术权力对现代企业在网络中的位置和影响力都具有至关重要的作用。曾刚(2008)曾明确提出技术权力的概念,认为核心技术的拥有者在网络中具备相对于其他企业更大的影响力;王伯鲁(2013)从不同技术等级、同一体系中的不同层次、同一层次中的不同操控者和对立技术形态四个层面阐述了技术的权力属性。大量实证研究也证实了技术权力对企业在现代高新技术企业网络中的影响力十分关键,技术能力是全球领先企业市场权力集中的主要根源,也是决定全球价值链上价值分配的决定性因素(Arndt,2001;Giuliani et al.,2005),且高新技术企业技术权力对其创新能力提高的影响要大于一般的企业网络(Henderson et al.,2002)。

互联网的快速发展引发了信息技术的快速变革,历史上几乎每一次技术革命都会引发人类组织模式和权力关系的重大变化。在信息时代，大数据技术的快速迭代特征和对现代权力的"破坏性继承"（Guo et al.，2015），使信息时代的技术权力具有了不同于以往技术权力的特征，并在网络社会中发挥着十分重要的作用。得益于"网络对权力资源和交往媒介的渗透"（里夫金，2012）以及"信息成为资源分配的权力本体"（布莱恩约弗森等，2014），数据以大数据的形态嵌入了权力系统，并以其主客体交互的随机性和特殊的权力依赖关系，重新定义了现代资本的运行和交换逻辑。与大数据技术接踵而至进入人们研究视野的，是"算法"和"代码"，"在一个媒体时代和代码无处不在的社会，权力越来越存在于算法之中"（Lash，2007）。算法是大数据得以发挥作用的关键，大数据研究的重点也正从"理论"向"算法"和"规则"转变。同大数据技术就是权力一样，隐藏在算法背后的权力可以通过不断调整算法的参数来执行自己的意志，并且这些权力可以通过话语及其传播来达成"群体合意"的逻辑，使权力的行使切实而有效（喻国明等，2018）。

权力研究的空间转向和技术转向是理解和研究网络社会权力内涵较为重要的两个理论视角，但并不代表从这两个视角就能窥得网络权力的全貌，网络权力在空间性和技术性之外，仍然有着社会网络在权力研究中的关系特性、位置特性、能力特性和策略特性，以及权力形态的流动性和权力传递的符号性，这些特征共同勾勒出网络空间的权力样貌。

二、网络社会权力的结构特征

在政治学和社会学的研究者视野中，网络社会已经被看作一个崭新的社会形态。相比传统社会等级式、结构化、单向度、实体性的权力特征，网络社会权力呈现出关系性、流动性、符号性和感性化等全新特征，引导人们重新认识网络社会权力结构，实现了从强调资源和位置的经典权力观，到将权力视为单向流动的可让渡资源的社会交换论，再到强调权力主体能动性和权力过程的动态权力观的演化，权力研究的视角完成了从固定的物化权力到流动的权力关系网模式的转换（宋辰婷，2017a）。基于网络社会流动速度的加快和流动渠道的增多，网络社会的权力结构相比传

统社会,其权力分配格局、权力位置关系、权力的效力实现路径都发生了
相应的改变。

(一)权力的分配格局改变

已有研究对权力在网络社会中分配格局变化的关注主要集中在社会
领域,体现为权力在社会权力阶层中的下移。一方面,网络权力不再为权
力精英阶层专有,民众也可以拥有能够产生现实影响力的网络权力,有了
成为权力主体的可能(刘少杰,2011);另一方面,在网络社会里,关系网络
中的"节点"人物与传统权力观中的权力精英存在本质区别,草根大 V、网
红、版主等"意见领袖"可以整合网民意志,汇聚网民权力,成为网络权力
关系中的"节点"人物(宋辰婷,2017b)。互联网的发展和普及所带来的公
众话语权的扩张是导致网络社会中权力在社会权力阶层中下移的主要原
因(Zhou,2006),网络使公共话语体系逐渐趋向于扁平化,实现了"所有
人面对所有人传播"(方兴东等,2006),由于话语的实践中暗藏权力的运
作(董志强,1999),从而话语传播方式的改变解构了传统公共权力的话语
权模式并改写了社会阶层中的话语权占有格局(赵云泽等,2010),使话语
权更多地向网民大众扩散。

(二)权力位置关系变化

网络社会中权力位置关系的改变主要体现在权力层级结构和权力中
心的变化上。网络社会权力结构打破传统社会权力自上而下的结构性支
配形式,形成权力直达社会结构各个层面的扁平化结构,是学界研究的共
识。陈潭等(2016)将网络社会权力结构类比为"蜜蜂的聚合群",层级性
不再明显;赵奇(2015)对比了传统社会和网络社会权力结构的差异,与传
统社会权力呈线性结构自上而下逐级贯穿、以命令和服从为主要特征不
同,网络社会权力呈分散、多元、交互的网状结构,讨论和交流成为重要特
征;何哲(2015)分析了网络社会时代政府组织结构的变革逻辑,权力结构
同样呈现出横向上由中心型向非中心型转变,纵向上由科层制向扁平化
转变的趋势,形成管理权对科层体系的穿越。相比传统的单一中心型社

会,研究者普遍认为网络社会权力结构呈现多中心特征,关系网络中权力节点随着拥有连接数量的增多和连接强度的增大而在收益递增规律下成为权力中心(喻国明等,2016),但作为权力中心的集中连接者并不是必不可少或不可替代的,关系网络中连接者之间的相互竞争和替代使网络社会的权力中心处于动态变化之中。

(三)权力的效力实现路径改变

互联网的发展和大数据技术的应用使网络社会中权力发挥效力的路径发生了根本变化,相比于传统社会中权力作用的在场性、实体性和以行政与资本为主要来源,网络社会中权力的效力达成可以是缺场的、隐匿的,且权力方向可以是多向度的。在对网络社会权力实现效力的路径研究中,有人从社会变迁的角度出发,通过对网络社会"在场交往向缺场交往、实地经验向传递经验、实体权力向认同权力转变"的分析,揭示了权力作用方式的变化(刘少杰,2012);有人从权力来源和分配的角度,指出网络社会权力发生了从行政、资本等传统权力来源的外在赋予到依靠个体智慧在网络中直接生产的范式变革,"共享"与"协同"成为理解网络社会权力分配逻辑的关键(喻国明,2016);有人关注网络权力实现形式中的"隐身"特性,通过控制代码实现权力控制的技术特性,以及权力在网络情境中的感性化和无意识实现,使网络权力实现隐身运作(陈氚,2015)。还有人以媒介场域为着力点探讨网络社会权力效力的变化,在互联网环境下,媒介作为一种基础介质,互联网对所有类型的媒体都是平等且开放的,在大数据和云计算的支撑下,所有人在互联网的传播行为都可以量化,数据成为媒介场域中价值巨大的资本(迈尔-舍恩伯格等,2013),对注意力的争夺成为场域中权力角逐的重点(许华鑫,2016)。

三、网络社会权力结构的演变趋向

无论是从权力分配的格局变化来看,还是从权力位置关系的变化来看,网络社会权力结构的变化都流露出国家对资源分配的控制能力明显下降、传统的国家权力运行模式"边际效应"递减的倾向,在权力结构调整、权力分配格局改写的网络社会,权力结构究竟是逐渐走向向社会分权,还是正在形成另一种形式的集权,成为学界对网络社会权力结构探讨的焦点,这场关于网络社会权力结构究竟是集权还是分权的争论尚没有定论,因为从不同的角度出发往往会得出不同的结论。

（一）分权论

持网络社会权力向社会分权观点的学者多是从互联网媒介格局转变和信息技术赋权两个角度进行论证的。从媒介视角出发的学者认为,互联网赋予了每个社会成员均等的媒介接近权,使每个社会成员拥有了运用互联网进行社会化组织和动员的能力和可能性（张冠文,2013）,打破了传统的被高度秩序化的媒介生态格局,社会大众拥有了更多媒介权力,带来了舆论的"话语场下移"（赵红艳,2013;张庆林,2014）。从技术赋权角度出发的学者认为,信息技术通过降低成本、提升集体认同和创造新机会,促进了分权的、非等级的组织形式的运用（Garrett,2006）,推动社会关系网络从差序格局、团体格局向开放、互动的复杂分布式网络转型,更多地为"相对无权者"赋权,使权力和垄断资源从国家行为体向非国家行为体转移（王斌,2015）。

（二）集权论

持网络社会权力将会更加集中观点的研究者大致分为两类:一类认为权力会进一步向国家层面集中,互联网信息技术的作用可以强化现有的权力格局,现实空间中的掌权者,在互联网权力结构中也处于更加有利的节点位置（Van Dijk,2006）,因而国家权力在有了信息技术作为支撑之后,将会变得更有规训力和更加无孔不入（穆尔,2007;杨国斌,2013a）。另一类认为权力会向技术架构者（例如掌握信息技术的企业）集中,认为网络社会建立在极强的技术架构上（莱斯格,2009）,通过技术架构网络服务提供者对用户行为有极强的控制力,这种基于技术形成的控制力甚至可以比肩公权力,从而改变政治权力关系和资源分配关系（林奇富,2016b）;同时有人进一步指出,在同一技术体系中,高层次的技术对低层次的技术拥有更大的支配力和控制权(王伯鲁,2013),解释了为什么网络技术体系中管理员比普通用户拥有更多的权力。

(三)集权与分权辩证论

相比不是集权就是分权的二分法,更多的研究者选择用辩证的思维看待网络社会权力结构,认为网络社会中集权和分权同时存在。Jordan(1999)曾对互联网中的权力进行分析,认为互联网赋予了民众更多的自由,同时也赋予了技术精英更多控制网络空间的权力。胡海(2016)认为网络结构是一种双重结构,新媒介的优势使社会经济、政治、文化和个人经验一方面被放大,另一方面又被缩小,权力的集中和分散现象同时存在。蔡文之(2007)指出网络具有赋权和控制的双重功能,虽然网络在结构上产生分权影响,但分权并不必然导致民主化,网络行为带有更多的不可测性。蔡志强(2015)指出了网络时代资源性权力的两面性:一方面,拥有绝对技术优势的组织具有全方位占有网络资源的可能性;另一方面,所有个体也同样拥有资源占有和改造的可能性,技术屏障的漏洞可以使权力向所有网络成员流动。

因此,与其对网络社会权力结构进行集权与分权的辩驳,不如将其置于特定的场域与情境中进行分析。大众作为大众传媒的传播者,可能因互联网媒介的存在而获得更多话语权;但作为网络市场的消费者,也可能因大数据技术下的精准营销而失去更多议价的权利和选择的空间。在网络空间中,市场领域和社会领域往往呈现出不同的权力结构特征和演变趋向,需要针对特定的场域进行针对性的具体分析。

第二节 网络市场的权力格局及其形成机理

基于上述对网络权力和网络社会权力结构的研究,我们进一步将观察的视野集中在网络市场及其治理中,以权力变迁的视角探寻网络市场权力格局的形成机理。在本节中,基于权力获得方式的不同,构建了一个基于权力"映射—衍生—转移"的网络市场权力演化分析框架,为对网络市场权力结构的分析提供整体性整合思路。在此框架中,权力映射、权力衍生和权力转移是网络市场权力获得的不同路径,通过权力的场域转换、型态生产和分配重构,形塑网络社会的权力结构。

一、分析框架:权力的"映射—衍生—转移"

国家、市场与社会是政治和社会分析中常用的分析范式,国家、市场与社会之间的互动牵动着制度的变迁。权力结构作为研究的中观层面,离不开宏观制度层面的前置铺垫,而市场的经济行动也被认为是以实体或形式嵌入于社会结构和制度之中(Polanyi,1957;Granovetter, 1985)。因此研究市场的权力结构,不仅要关注市场中市场主体的权力关系,更离不开对市场所处宏观制度环境的把握,以及对国家权力、社会权力在市场中的作用的分析。网络市场是随着互联网的深度应用而从传统市场中延伸而来的市场场域,若要对网络市场的权力结构做一个全景式的描绘,不仅工程浩大、牵涉繁多,更重要的是缺乏统一的衡量基准和可靠的分析维度。而传统市场与网络市场之间的时间延展关系与空间延伸关系,使从变化的视角观察网络市场权力结构成为可能,即不去探究网络市场的权力结构到底是何种样貌,而是通过考察网络市场中的权力格局相比传统市场发生了哪些变化,进而从这些变化中窥得网络市场中的权力格局。为了厘清这些变化的脉络,本书以权力的获得方式为参照,构建权力的"映射—衍生—转移"分析框架,从权力映射、权力衍生和权力转移三个维度分析网络市场形成过程中的权力格局变化。权力的映射、衍生与转移是形塑一个社会体系权力结构的三种方式,代表了网络市场形成过程中权力的场域转换、型态生产和分配重构。

(一)权力映射——权力的场域转换

在空间超越其自然属性和物理属性以前,对权力位置关系的探讨都是在平面上进行的。布迪厄(Bourdieu)为权力的作用建构了场域,在他看来,"一个场域可以被定义为在各种位置之间存在的客观关系的一个网络(network),或一个构型(configuration)"(布迪厄,2004),场域是行动者争夺有价值资源的空间场所,而权力贯穿于每个场域,场的结构正是不同的权力或资本分布的空间。如果把网络市场与传统市场看作两个不同但又存在相关性的场域,其中一个场域在另一个场域的基础上建构形成,两个场域之间本身就形成虚拟与现实的映射关系,那么两个场域中的权力主体、权力大小和权力作用方式等也就相应存在着映射关系。

映射实际上是一种对应关系,在传统市场与网络市场的映射中,传统市场中的消费者对应着网络市场中的网民,传统市场中的各类企业对应着网络市场中的互联网公司,传统市场中的商场、集市对应着网络市场中的网络平台等等。在经过映射之后,有的元素依然保持不变,有的元素范围扩大或缩小了,而有的元素发生变化演变为新的形式。权力的映射也是如此,犹如数学语义的映射中两个集合元素之间的对应关系,从传统市场到网络市场的权力映射反映了权力作用场域的转换。

(二)权力衍生——权力的型态生产

在由人类活动所形成的关系社会中,各种具象的权力并非自初始时便存在,而是随着社会生产力的发展和社会关系的演变经历了权力的生产过程,我们将其称为权力的衍生。当人类处于社会早期时,权力由体力强壮者所把持,权力主要表现为武力。其后,随着工业社会的发展以及机器生产方式的产生,资本成为衍生权力的重要基石,权力的基础由劳动者向资本转移,马克思认为资本是一种总体性权力,无论是宏观的国家权力还是微观的各项权力,都是资本关系的衍生物,现代社会就是资本处于支配地位的社会形式。时至今日,经济资本在权力的获取上仍然发挥着重要作用,但与此同时,知识成为新的权力表现形式,知识在权力获取中开始占据越来越重要的地位(Pfeffer,1981;French et al.,2001)。福柯强调权力和知识之间的关联性,在福柯看来,知识在任何社会中都不可能是完全中立的,它置身在某种权力关系之中,权力与知识形成联盟,知识借助权力散播自身的话语,权力也通过知识话语的内化渗透到社会的各个毛细血管(傅春晖等,2007)。与之有共通之处的是,布迪厄把"象征"意义上的符号作为权力技术工具,符号不仅是传递信息的媒介,也是表达情感、思想、信仰的工具,还是实行统治的权力技术。随着网络与信息技术的发展,对由知识衍生的权力的剖析日益成为权力研究的重要部分(Mudambi et al.,2004;Mitchell,2017;孙永磊等,2013)。这也印证了Toffler(1990)的观点:信息技术的发展使国家权力的衡量方法发生了根本性转变,从武力转向财富,再从财富转向知识。

(三)权力转移——权力的分配重构

在一个权力场域中,权力主体之间的力量对比并不是静止不动的,而是随主体间相对权力的变化而发生权力的转移。权力转移的舞台层次多样,大至国际政治体系内国家间的权力格局,抑或一个国家内国家与社会、政府与市场之间的权力变迁,小至一个社区内的权力力量变化;权力转移的动因和表现既可能是主导性权力在范围和权重上的增加,也可能是权力从主导性主体向其他主体的主动倾斜与放权;权力转移的本质是权力在权力场域中的分配重构。纵观人类社会发展历程,推动权力转移的外在条件通常不外乎能源使用方式的变革、信息技术手段的更新以及新经济形态的出现和人类生存方式的变迁等(韩庆祥等,2016)。值得注意的是,在第一次工业革命和第二次工业革命这两个较大规模权力转移的变革时期中,权力转移的主要路径是自上而下的垂直模式,即国家的主导力量在其中发挥重要作用。而在第三次工业革命中,互联网使人们的生产、交往和生活方式都发生了深刻变化,权力转移的路径不再是单纯的垂直模式,而是每个人都能融入其中的扁平模式,国家、市场与社会间的权力分配格局产生了新的重大变化。

在这三个权力结构形塑方式中,权力的映射提供了新生场域权力格局的基础既有部分,权力的衍生代表了场域中新生权力的增量部分,权力的转移构成了场域中"权力势差"导致的变化部分。通过三种模式的共同作用,权力场域在从传统社会到网络社会、从传统市场到网络市场的转换过程中,经历权力主体间权力力量此消彼长的动态过程,从而形成网络市场权力的新格局。

二、权力转移:从"国家主导"到"市场自主"的分权过程

国家的变革是一个系统工程,也是一个权力行使的辩证过程(杨雪冬,2013)。权力的变迁是嵌入在制度变迁的过程之中的,权力随着国家与社会的分野而分离,并在变革的过程中进行着对抗、互动与协同。洛克(Locke)、康德(Kant)等思想家较早在研究中将国家与社会明确区分开来,黑格尔(Hegel)的市民社会理论进一步从政治国家中分离出市民社会,哈贝马斯则进一步把市民社会分解成公共领域和经济领域,建立了三元分析模式(周永坤,2005)。无论采取何种分析模式,如何正确看待国家与社会、政府与市场以及其他组织和公民个人的权力关系是 20 世纪七八十年代以来世界各国都在进行的一项努力。对中国来说,中国的制度转型与权力变迁与西方国家存在较大的不同,我国的市场发育离不开国家的主导性作用,改革开放 40 多年来,我国的权力变迁整体上表现为从国家向市场和社会的分权过程,并且在分权过程中伴随着社会阶层结构的调整,涌现出一批以市场精英和地方政治精英为代表的精英阶层。从国家主导到市场自主的权力转移整体路径,奠定了我国市场发展的基础。

(一)"国家—社会"框架下的权力变迁

改革开放以来,学术界对中国社会结构变迁的认识主要是在"国家—社会"框架下展开的,市场作为社会在经济活动层面的分野,市场权力的获得蕴含在从国家向社会分权的整体过程之中,并且以"放权让利"为代表的行政性分权为主要的权力变迁特征。俞可平(2008)曾总结了中国治理变革的主要方向,包括从一元治理到多元治理、从集权到分权、从人治到法治、从管制政府到服务政府、从党内民主到社会民主,其中从集权到分权是权力变化的最重要特征,中央层面的政治性分权围绕着从中央向地方分权、从政府向企业分权、从国家向社会分权同时展开。分权带来了权力格局的多元化,从内外两个方面来看,内在表现为国家内部分权的社

会化,体现为立法权的社会参与、行政权的部分向社会转移和司法权的社会性;外在表现为非政府组织及其社会权力的形成,以及个人因为信息和知识而集成的巨大社会权力(郭道晖,2001)。从历史发展维度来看,分权过程经历了改革初期体制内的行政分权和市场经济体制下的"分权泛化"(林尚立,2001)两个部分,即表现为多层面、全方位的分权。改革开放以来,国家逐步放松了对市场和社会领域的直接控制,社会权力体系逐渐从"单极权力格局"(康晓光,1999)走向"多元治理格局"(俞可平,2008)。

以"放权让利"为代表性特征的行政性分权为社会和市场提供了更多的自主性。吴春梅等(2012)从公共服务的角度细化了公共权力的变迁路径,即"逐渐由政府的垄断供给和等级权力走向多元主体之间的合作供给和共享权力",具体来说,权力的结构和形态经历了由"传统公共行政下的等级权力",到"新公共管理下以'中心—边缘'结构为基础的多元权力",再到"新公共服务下以公民权为基础的共享权力",最后演变为"公共价值管理下以网络化治理为基础的共享权力"的过程。与行政领域的分权让利对应,市场领域也经历了"单位制"下由政府控制的国有企业,到乡村集体企业发展壮大,再到私营企业蓬勃发展以及现代公司制度建构的过程。随着国家向社会分权的渐进式展开,权力结构变迁的理想路径是:权力分配维度上,从集中化向均等化变迁;权力形态上,从封闭的科层制向开放的扁平化变迁;权力作用范围上,从全能型向合作共治变迁。

(二)"社会分层"框架下的权力变迁

杨雪冬(2008)认为,改革开放以前,社会内部通过户口制度和阶级划分形成了城乡分割和社会身份固化现象,社会的内部分割加上对外封闭极大地限制了社会流动性,强化了制度的僵化。随着市场化改革的发展,社会结构将从"分割的蜂窝社会"向"流动的网络社会"转变。社会流动性的增强带来了社会阶层的流动和新社会阶层的产生,精英阶层就是在转型过程中兴起的权力群体。精英阶层并非现代社会的产物,早在亚里士多德的《政治学》中就提出了"一人、少数和多数"的三分法,其中少数即含有了精英的意味；米尔斯（Mills）也总结了 20 世纪中美国社会三大权力精英集团对社会权力进行垄断支配的局面。

在中国，现代意义上的权力精英阶层是随着经济市场化的转型而走上历史舞台的。崔之元（1998）在 20 世纪八九十年代流行的"国家—市民"两层分析法基础上，提出了"上层（中央政府）—中层（地方政府和新兴资本大户）—下层（广大老百姓）"的三层分析法，其中地方政府和新兴资本大户即代表了这一时期的体制内精英和体制外精英。同一时期也有学者通过对村庄场域中权力结构阶层变化的观察，构建了"国家—村庄精英—普通村民"的三重权力构架（金太军，2002），其中扮演主角的村庄精英包括掌握村庄正式权力资源的治理精英（体制内精英）和掌握传统资源等其他资源的非治理精英（体制外精英）（贺雪峰，2002；仝志辉，2002；吴毅，2002）。在国家向社会和市场分权过程中兴起的精英阶层是从人的角度理解社会变迁的关键因素，苏哲（2011）将中国政治模式归纳为"精英—民主"模型，"精英"是国家层面上具有高度公共性和执政能力的政治集团，而在社会基层，广大村民/居民通过基层直接民主的形式维护合法权利并参与公共事务。

中国向市场经济转型过程中社会阶层的分层机制引起了国内外研究者的关注，特别是关于中国的精英阶层是循环的还是再生的，引起了学界的诸多争论，对此形成了两种对立的观点："权力转移论/精英再生论"认为分配权力向市场领域的转移产生了新的分层机制，这种机制允许新的经济精英通过市场渠道走向社会上层，官僚权力的作用将不断式微并最终被市场权力取代（Nee，1989）；"权力持续论/精英循环论"认为再分配经济体制下形成的分层机制具有持续性，昔日的经营在市场转型中将继续处于优势阶层地位（Bian et al.，1996；Zhou，2000；Walder，2002；李路路，2002）。无论是精英循环还是精英再生都是绝对的，实际的精英阶层变迁过程应是循环与再生并存，在此认识上，刘欣（2005）提出公共权力只是部分表现为再分配权力，另一部分衍生为寻租能力，二者同市场能力共同构成了阶层分化的动力基础。

在过去的数十年中,中国的权力变迁研究总体上是在"国家—社会"框架下进行的,从集权到分权是中国社会权力结构变迁的最主要特征,在总体上更多地表现为由国家主导的、单向度的权力转移。在这个过程中,代表国家的政治权力和社会之间的关系以对抗为主,政治权力对社会的支配力与社会对政治权力的离心力构成了政治权力结构与社会之间的张力(刘津洁等,2002)。随着市场化的推进,市场主体开始在权力体系中占据越来越重要的位置,后期大多数研究将市场从社会中分离出来,建立"国家—市场—社会"三元分析框架,或是从精英阶层入手,构建"国家—精英—民众"三层分析框架,揭示了国家与社会权力变迁中更为复杂的权力互动过程。随着信息技术的发展和网络社会的拓展,新的特殊的"权力场域"已经形成,在新的场域中,行动者的位置关系更为复杂,正式与非正式的权力因素相互交融,权力位置、场域规则、调整行动策略的能力等因素将共同影响行动者的权力基础,权力的互动与变迁过程以及权力精英的主体将产生进一步的变化。

三、权力衍生:从"传统市场"到"网络市场"的赋权现象

过去在从国家向市场的分权过程中,国家主动将部分经济权力向市场主体转移,但同时并未放弃对社会和市场的控制权力,国家掌握着对放权或收权的控制力。在网络社会兴起并随网络经济活动开展形成网络市场新的权力场域以来,传统市场中的权力主体在网络市场中重新布局,权力力量在网络市场中重新配置,并衍生出新的权力精英群体。其间,互联网信息技术、大数据储存和分析技术的发展以及互联网创生的商业模式等成为权力衍生的新载体,使互联网平台企业这一企业类型及其所经营的网络平台这一市场组织模式成为网络市场中的权力核心,在网络市场权力场域中逐渐占据主导地位。

(一)技术赋权

技术的赋权功能在人类社会的认知历史中早已有之,铁器的发明以及后来对非自然力例如火药等的创造使用,都带来了生产力的提升和军

事力量的增强,进而引发了社会生存和生产方式的极大变革。技术权力在本质上就是技术所有者或操控者所拥有的支配或控制他人的力量,尤其在现代社会,技术权力成为现代企业的竞争优势来源,企业的技术能力是全球领先大企业集团权力集中的主要根源,也是决定全球价值链上价值分配的决定性因素(Venables,1999;Jones et al.,2005;梅丽霞等,2009)。技术赋权不仅影响着企业内部不同部门之间的权力分布,也决定着企业在企业集群中的权力位置以及核心企业与非核心企业之间的"权力势差",更影响着企业与政府、社会之间的力量对比和互动模式。

自互联网出现并走进人们的生活以来,人们通常用 Web1.0、Web2.0和 Web3.0 来表示网络信息技术发展的三个阶段。在 Web1.0 阶段,互联网主要作为信息获取的渠道,以门户网站发布静态信息为主流,技术权力的获得主要通过对信息媒介的掌握、单向的信息传递实现。在Web2.0阶段,随着 SNS、RSS 等技术的普及,相比 Web1.0 阶段的以网站为主导,此阶段体现为以用户主导,更加注重交互性和应用模式的创新,技术在此阶段起到了共享的作用。进入 Web3.0 阶段后,网络信息、人工智能技术迅速发展和突破,互联网的开放融合、异构互联、裂变传播、高效聚合、深度参与、个性体验等特征相继凸显出来,而集技术主导性、资本规模化、业务多元化、生态体系化等于一体的互联网平台企业异军突起,成为这一时期信息技术权力的主要控制和使用主体,通过对网络平台的技术架构、经营策略的算法控制和用户偏好的技术挖掘,从而在网络市场权力场域中占据核心位置。

(二)信息赋权

与数据的记录、存储、运算和分析相关的技术能力的提升为数据的价值带来了巨大的展现和发挥空间。在传统社会中,对信息资源的垄断通常是一个组织特别是国家行政机构权力的重要来源,随着大数据相关技术的发展,使私人主体对群体社会交往活动和经济活动中产生的碎片化的数据信息进行收集、存储和分析成为可能,从而通过对规模数据的分析进行事件的精准预测、判断和呈现,打破关键信息资源一直由公权力垄断的局面,体现出大数据技术的权力作用。大数据权力具有不同于传统社会技术权力的主体意涵,其运用不依托于主体意志,数据技术对数据的挖掘使用是在不被数据生产者意识到的情况下进行的,数据生产者被动地被纳入大数据的权力运行体系之中(田大映等,2018)。

网络平台具有掌握海量信息资源的天然优势。首先,网络平台特别是超级网络平台有海量的用户基础,通过平台载体聚集了众多的双边甚至多边用户,并且存储了大量用户相关的注册信息、交易信息、社交信息、行为信息等数据信息;其次,大型互联网平台企业往往涉足多元化业务范围,通过网络平台将用户的多元化数据进行粘连、整合与分析,可以得出用户的行为轨迹、偏好等一系列个性化表征信息。信息赋予的权力为大型互联网平台企业在网络市场竞争中获取垄断性的优势地位起到了关键作用。

(三)规则赋权

相比经历了相当长一段时期逐步建立起来的传统市场秩序,网络市场正处于新技术、新模式、新规则的创立阶段,新的商业模式和技术模式丛生,对规则建构的需求也十分旺盛。由于既有规则的缺乏,网络市场中的先导企业有着创设规则并付诸实践的天然义务,特别是网络平台的兴起使其成为连接双边大规模用户的第三方,设立有效的连接、准入和仲裁规则成为网络平台持续成长的重要保障,网络平台因此成为网络市场规则的批量生产者。平台规则在维护平台型网络市场交易秩序、促进平台经济良性发展的同时,也衍生出了对平台用户的许可、限制乃至规制的权力。在以网络平台为代表的网络空间中,网络内容服务商与用户间的合同大都采用"take-it-or-leave-it"(要么接受,要么离开)的模式,用户想要使用网络平台所提供的服务,就必须接受平台规则并在其所构建的权力框架内行动。目前,较大的网络平台例如微信、淘宝、滴滴出行等都已建立起了庞大的规则体系,类法规化的条款和对用户活动方方面面的涉及事无巨细地约束了用户的行为尺度,平台规则成为网络平台权力的重要来源。

(四)规模垄断

鉴于平台型网络市场中网络效应与双边市场效应的特殊性,网络市场中存在先发互联网企业占据优势地位,并在同类市场中形成规模垄断趋势。网络平台以集聚双边用户为主要特征,一边用户对平台的数量和黏度取决于另一边用户数量的多少,平台连接的双边用户规模形成强则愈强、相互促进的局面。一旦一个网络平台的服务内容在网络市场中形成先发优势并集聚了大量用户,则平台会以核心业务不断增强、附加业务不断扩展的战略加深用户的依赖性,使用户即便在网络市场同质化程度较高、市场竞争充分的情况下仍然对该平台产生依赖,从而使平台的规模扩张如同滚雪球一般,形成竞争性市场下的规模垄断。垄断作为市场权力的典型表现,在传统市场中往往出现在跨国公司等大企业集团上,网络市场的发展使超级网络平台成为市场中新的垄断权力主体。

在传统市场向网络市场发展的过程中,互联网平台企业通过技术赋权、信息赋权、规则赋权以及规模垄断等一系列权力衍生过程,成为网络市场中的资本大户和权力集聚者,互联网平台企业的所有人和管理者也重塑了现代社会的权力精英阶层。网络市场中平台权力的衍生和发展不仅重塑了网络市场中市场主体间的权力格局,也给平台与政府、社会公众之间的权力关系带来了较大的影响和变革。

四、权力映射:从"线下治理"到"线上治理"的延续适配

网络空间在某些方面,可以说是现实空间的虚拟映射,现实空间中的权力精英,在一定条件下,可以将其在现实空间中的影响力移植到网络空间,从而在网络权力关系结构中处于同样甚至更加有利的节点位置(宋辰婷,2017b)。权力从现实空间到网络空间的映射,构成网络市场权力来源的一个重要维度。在权力的映射中,值得关注的是政府作为社会公权力的拥有者,不仅面临着从现实空间到网络空间的自身权力适应性问题,还

面临着从"线下治理"到"线上治理"的规制权力行使的适配性问题。

(一)行政权力的刚性映射

在传统的社会结构中,始终存在着一个权力中心,其在社会运行中起到收集并掌握信息、分配社会资源、进行社会管理的职能作用,国家或是其具象化下的政府,即扮演着权力中心的角色(何哲,2015)。在传统社会中,权力呈等级式流动,因而政府的权力特征就表现为线性的、科层化的,并且不同层级的政府都具有权力边界,权力范围随着政府层级的降低而缩小,并在长期的权力实践中形成条块结合的科层化权力体系,牢固地嵌入社会的各个层面。自韦伯创立官僚制组织理论以来,以合理合法权力为基础的官僚制就成为最有效的组织管理形式之一,可以说,"科层制已成为主导性的组织制度,并在事实上成了现代性的缩影"(布劳等,2001)。在科层制中,权力是根据规章制度,按照职位的高低呈阶梯式赋予的,权力的秩序表现为一元支配的线性结构,并在整体上形成金字塔式的等级结构(王春娟,2006)。尽管科层制的权力结构安排存在着一定的效率优势,但其一元支配结构下的僵化控制也导致了等级的彼此孤立(布劳等,2001),刚性的科层权力与基于行动策略建立起来的灵活的非正式权力之间形成张力(张云昊,2011),并随着社会管理的发展越来越暴露其缺陷。

在由传统社会向网络社会演变的过程中,多数权力主体特别是权力精英会在权力从现实空间到网络空间映射的基础上通过能动策略进行灵活的应变、适应,从而获取更加有利的权力场域节点位置。而层级式的行政权力因长期以来形成的条块化、属地化的权力结构,具备较强的稳定性和结构刚性,在面对扁平化、无界性、流动性的网络空间时,难以快速达成适应性的权力体系变革,而是以行政权力的刚性映射为特征,即在网络空间中,政府的权力体系仍更多地体现为层级性、属地化的权力结构。

(二)从线下治理到线上治理的权力适配困境

随着人们社会生活向网络空间的延伸,适应性的权力结构也开始从层级化向网络化转变。福柯(2007)曾对权力做出网络化的描述,认为权力是多元的、分散流动的、"处于弥散状态"的,强调权力主体的普遍化和泛化特征。随着多元主体共治的社会治理的演进,在经历了"中心—边缘"结构的多元权力过渡后(吴春梅等,2012),网络化权力结构成为更具适应性的权力结构,网络化权力的去中心化、扁平化、多维性(罗宾斯,2005)、决策主体多元、动态演化(Washington,2005)等特征能够为社会信息与资源的流动和交换带来更高的效率,并在应对客观环境变化和做出有效治理上显示出比层级化权力更多的优越性。

但在网络空间权力结构普遍向网络化转变之时,政府行政权力并没有在原有科层化基础上进行相应的转变,行政权力的刚性映射使层级性、属地化的行政权力与扁平化、无界性的网络空间之间存在着错位,并产生了政府行政权力向网络空间延续时,对网络社会治理的适配性问题,并在网络市场治理中有着较为明显的体现。互联网经济的发展使网络市场真正统一了全国大市场,打破了市场壁垒,同时也使一项交易活动的生产方、销售方、中间方和购买方及其交易活动在时空上发生分离,以辖区为权力行使范围的基层政府难以对网络市场秩序进行有效的规制。这种权力的适配困境在打击网络经济违法犯罪的过程中尤为突出,网络经济违法犯罪行为的发生地、结果地与所利用的网络平台注册地往往分属不同的地方行政管辖区域,由于行政权力在网络市场场域的刚性映射,公共部门尚未针对此种情况形成有效的职责分担机制和部门间协调机制,导致网络经济违法案件大量积压在互联网平台公司的注册地,使当地市场规制部门不堪重负;同时,同一上级的辖区公共部门间的联动也因改革进程、人力和案件处理能力的不对等而出现协调困难。行政权力从现实空间到网络空间的刚性映射和从线下治理到线上治理的适配困境,使政府对网络空间或者具体到网络市场的规制力和控制力都相对式微,使市场权力精英有机会抢占权力场域中的有利节点位置,从而引发网络市场权力格局的重新洗牌。

由此,可以发现网络市场形成过程中权力格局的变化过程。改革开放以来,我国市场的发展总体上经历了从国家主导到市场自主的分权过程,在国家的主导推动下,大量经济权力从国家向市场主体转移,地方体制内精英和资本大户成为权力精英阶层;随着网络信息技术的发展,在市场形态由传统市场向网络市场转变的过程中,由于技术优势、信息优势、规则优势和规模垄断优势带来的赋权现象,市场权力逐渐向网络平台集中,网络平台成为网络市场中新的权力中心节点,互联网平台企业的经营管理者也成为新的资本大户和权力精英,重设了市场权力精英阶层的内涵;同时,由于政府职能从线下治理转向线上治理过程中行政权力的刚性映射和适配困境,政府权力对网络市场的渗透力和控制力相对减弱。因而在总体上,相比传统市场,网络市场的权力格局呈现出政府权力相对减弱、互联网平台企业权力相对增强的演变趋势,过去长期以来形成的政府与市场主体间的"权力势差"正在缩小,为网络市场治理中政府与网络平台二元共治格局的形成奠定了权力基础。

第三节 网络市场政府与平台共治的权力基础

网络平台能够成为网络市场的非政府治理主体,并与政府共同构成"平台—政府"双层治理结构,与网络平台在网络市场权力场域中的优势地位紧密相关。网络平台权力的集聚趋向和政府在网络市场中的权力效力减弱改变了平台与政府之间的相对力量对比关系,从而改变了平台与政府之间资源依赖的强度和方向。网络平台的权力优势作为政府在网络市场治理困境下的治理力量补充,使网络平台成为在网络市场中部分替代政府规制职能的、拥有和行使准公共权力的治理主体。力量关系的变化是网络市场"平台—政府"双层治理模式形成的基础。

一、资源依赖视角下政府与平台的权力关系

通常的观点认为,政府与企业之间的关系,本质上是政府居于主导和支配地位的权力关系(李汉林,2013),许多围绕政府与企业之间相互作用

力及互动行为模式的研究,都是在"企业处于相对被动的地位"这一预设下展开的。例如社会交换理论以市场行为的交换理论来类比公共政策制定中的企业行为,企业以倾向性的投票承诺与政府的法规制定权进行交换,以使政策制定朝最有利于自身的方向进行(Shaffer,1995);公共利益理论将企业视为社会中的一类利益群体,与其他利益团体就不同的目的围绕政府公共政策制定过程而展开竞争(Getz,1997);利益相关者理论认为企业是否对维护政企关系进行投入或对公共政策施加影响,取决于企业对政府依赖性的大小(Schuler et al.,2002);制度理论从企业所面临的政府规制的制度性压力的角度,探究企业在制度压力下组织结构和行为模式的变化(Scott,1987)。在这些理论视野中,企业一直是外部制度环境变化的适应者,在与政府的关系中常常居于被动一方。

资源依赖理论为企业与政府间的行为关系提供了一个平等的分析视角,以依赖性对权力的影响以及资源在依赖关系中的作用探究企业与政府间的力量变化(张咏梅,2013)。爱默森(Emerson,1976)曾经指出,行动者的权力来自对他人的依赖。在某种关系中,依赖性较小的行为体常常拥有较强的权力资源,而使自身在关系发生变动时所付出的代价小于对方,使对方处于不利地位。组织间的依赖同样如此,组织间权力力量的不平衡是组织产生屈从的主要原因,可替代性的途径和资源越少,依赖性就越强。在依赖与权力的关联性基础上,Pfeffer等(2003)提出了资源依赖理论,从开放的视角探究企业的生存和发展问题,对外部资源的需求构成了组织对其他组织或外部环境的依赖,依赖关系是组织的外部控制以及组织权力形成的关键。

在过去,政府在相当大的程度上掌握着市场的关键资源,企业与政府间的力量关系是十分不平衡的,政府相对企业拥有较大的权力。信息技术的发展在一定程度上改变了政府与企业之间对于关键资源特别是信息资源的拥有格局。尽管互联网信息技术对国家和社会进行了双向赋权(郑永年,2014),但对不同的主体赋权带来的权力增量各不相同,国家通过信息技术对社会控制力和社会沟通力的提升以及信息技术对经济增长的助益实现了执政效率和执政合法性的优化,社会民众通过网络时代大众传媒带来的关系赋权提升了话语权与回应性,互联网平台企业则是在这个过程中获得更多权力优势的主体。

互联网平台企业的相对权力优势主要体现在其对信息技术的掌握很大程度上打破了企业对政府的信息资源依赖。哲学家培根早已预见性地指出信息就是权力,而在网络时代,信息正在产生着前所未有的巨大能量。在信息的生产、传播、存储和处理技术不断更新迭代导致信息传递成本剧降的今天,从繁杂的海量信息中捕捉关键信息变得十分重要,信息的透明度越来越成为一种权力资产(power asset),"那些能够从白噪音中辨别出有价值信号的人将获得权力"(基欧汉等,2012)。收集了海量互联网用户身份信息和行为数据并且掌握最前沿的云计算和大数据分析技术的互联网平台企业就是这样的典型代表,通过数据分析实现的对当下事物的准确判断和对未来事物的精准预测,使互联网平台企业有能力接触到曾经被政府所垄断的核心信息资源,甚至拥有了比政府更多的信息资源,平衡乃至反转了企业与政府间的信息资源依赖关系,以至于在总体上,政府的信息垄断地位在互联网的冲击下不断下降。

网络信息技术不仅使互联网平台企业对政府的信息资源依赖减弱,同时网络平台的算法与架构模式也使市场中的双边用户群体对平台的依赖性不断增强。不仅如此,政府在技术掌握上的弱势以及对涉及商业秘密的数据的接触壁垒,使政府在对网络市场进行秩序治理时存在进入和技术上的困难,进而反过来对互联网平台企业形成依赖。资源依赖关系一定程度上的倒置使互联网平台企业拥有了更多与政府和其他市场主体的相对权力,使互联网平台企业成为政府实现网络市场有效治理必需的互补选择,奠定了网络市场"平台—政府"二元治理主体的权力基础。

二、市场治理视域下平台准公共权力的获取

在传统市场和公共空间中,存在着两类界限明确的主体,即公权力主体与私权利主体。公权力主体以政府为主要代表,主导着市场的运行规范;私权利主体则在特定的市场环境中平等地进行着主体间交易与竞争。

平台与政府

随着市场复杂性的提升,私权利主体之间由于掌握资源、地位优势的不同而在诸如大公司与小公司之间、母公司与子公司之间等衍生出影响、支配的私权力,形成由私权利主体向私权力主体的转变。随着互联网应用的推广,越来越多的主体参与到网络市场中,网络空间的主体权力关系更加复杂,资源分布和优势节点地位更加多样,以互联网平台企业为代表的部分私权利主体不再仅仅是通常意义上的私权力主体,而是演化成一种新类型的权力主体,即"这类权力主体是从私权利主体内部衍生或者分化出来的,且仍具备私权利主体的外在表现,但未融入公权力主体的框架之中,只是它已经具有在与其他私权利主体之间的法律关系中,拥有了'哪怕遇到反对也能贯彻自己意志的机会'——这种机会建立在其具有的技术资源、平台资源、信息资源及其支撑的市场资源优势基础之上。"(周辉,2016)。

这类私权力主体尽管并未融入国家公权力的框架之中,但其对资源有效集聚的广度和深度决定了组织体对成员具备支配管理的基础,并且客观形成了"管理"或"统治"关系,具备了公权力的某些特征。有学者将其归入社会公权力的范畴,即公共权力在社会层面上的拓展(徐靖,2014)。在网络市场实际运作中,以互联网平台企业为代表的企业主体逐渐演化形成与国家公权力组织类似的体系结构,在一定程度上可以说是"麻雀虽小、五脏俱全"的"小政府",虽不是国家公权力框架下的公权力主体,但却行使着规则制定、市场秩序治理等属于公权力范畴的权力。这些权力或衍生自市场中的交易关系,或由政府授权转移而来,也有些获得了法律的授权确认,为将其与国家公权力和企业私权力区别开来,本书将其概括为"准公共权力",涵盖立法、行政、司法所对应的准立法权、准行政权和准司法权的范畴。

(一)准立法权

准立法权的内涵主要体现在互联网平台企业的规则制定权上。规则是组织的成员间依靠契约协定的产物,是组织行使权力的正式依据,约束和规范着组织成员的行为。组织制定的规则包括基本组织规范、成员行为规范、惩罚规则和争端解决规则等主要内容类别,这些规则与法律条文规范存在相似之处,组织通过制定规则行使"准立法权"。网络平台与普通企业组织的不同之处在于,网络平台所制定的规则不仅是针对网络平台内部员工的行为规范,同时还是第三方针对上亿级用户的平台型网络市场交易的规范和约束,其影响力和覆盖规模已远远超过传统的组织规则,与法律法规更具相似性,并且许多先发的规则实践成为后来国家立法的参考依据。我国典型的超级网络平台如淘宝等已就平台应用衍生出规模庞大的规则体系,覆盖了平台关联行为的方方面面,自下而上的规则生产成为网络市场治理的重要特征。

(二)准行政权

准行政权主要体现为组织对内进行管理所行使的权力,是对制定的规则在权力运行层面的具化。网络平台行使对内管理的准行政权,其"对内管理"的含义仍然包含了对双边甚至多边用户的管理,实质上是对整个平台型网络市场的行政管理。除了组织的日常管理之外,还行使着市场监管性质的处罚权力。传统市场中,政府监管部门行使着对市场违规行为进行直接处罚的权力;在网络市场中,入驻平台的卖方用户面对的更多是来自网络平台依据平台规则的直接监管和处罚,处罚的措施也演化出扣除信用积分、删除违规内容或商品、限制部分功能使用、扣除保证金、删除或封禁账号等一系列形式多样的内容。可以说,网络平台的处罚规则充分契合了平台型网络市场的市场特征,在某些方面收获了比政府直接监管更好的规制效果,因此网络平台准行政权的行使在政府监管部门获得了合法性,成为政府进行市场监管的有益补充。

(三)准司法权

准司法权主要体现在对违法行为的判定和纠纷裁决上,其中纠纷裁决权力在法律语义中包括仲裁和调解两种形式。网络平台所行使的准司

法权一方面体现在平台自设的内部纠纷裁决机制上,例如由 eBay 首创的
ODR 在线争议解决机制,以及目前被电商平台广泛采用的基于社区、在
线声誉及第三方中介的私人秩序调节机制等。另一方面体现在法律授权
的网络平台对违法违规行为的判定和处置权力上。例如网络平台依据法
律条文规定或应政府监管部门要求,对网络经营者的经营执照进行审查、
对卖家发布商品信息的合规性进行审查、对用户发布的信息内容的合法
性进行审查等。尽管可以将这些审查事项作为公权力主体赋予网络平台
的义务加以理解,但网络平台对什么样的信息构成违法以及违法程度的
判断和处置,实际上也属于私权力主体行使准司法权的范畴。

第五章 "平台—政府"双层治理模式的形成——基于策略逻辑的考察

在网络市场中,互联网平台企业对市场资源掌握程度的增强和权力地位的提升,为互联网平台企业作为重要的治理主体参与网络市场治理提供了权力基础。但是平台企业参与网络市场治理的"平台—政府"双层治理模式之所以能够形成,除了平台企业"有能力"这一基础条件之外,"有意愿"同样是必不可少的条件。如果从组织的角度去考察政府与互联网平台企业的组织行为与动机,需要先厘清政府作为一直以来公权力的代表,为何要把网络市场的治理责任和规制权力部分转移给互联网平台企业,以及互联网平台企业作为以营利为目的的市场主体,在严格规制所属平台型网络市场要付出较大代价甚至降低竞争优势的情况下,为何要与政府合作参与网络市场治理。本章从政府与互联网平台企业组织策略与行为动机的角度,考察了"平台—政府"双层治理模式中政府与互联网平台企业的策略逻辑。

第一节 政府角色多重性下的治理逻辑

在过去几十年的经济改革与市场转型过程中,我国政府特别是地方政府在市场转型中扮演的角色和发挥的作用引起了研究者的广泛关注。随着对地方经济实践中政府行为研究的加深,政府的形象不再是非人格化的、无限理性的、具备完全公共价值的完美权威。泰勒(Taylor)的科学

平台与政府

管理理论提出之后,人们开始关注组织与个人之间的关系,西蒙(Simon)提出的"介于完全理性与完全非理性之间的'有限理性'"的作为组织成员的政府官员,为政府增添了人格化的、有限理性的色彩,人们开始关注政府在执政过程中扮演的多重角色和治理的多重行为逻辑。在对经济转型中地方政府的角色研究中,地方政府的谋利性被深刻挖掘,"地方法团主义""地方政府即厂商""谋利型政权经营者"等观点影响深远,政府作为市场中永远在场的行动者,在"裁判员"与"运动员"之间进行着角色切换。更确切地讲,地方政府在市场中并没有统一的角色和不变的"面孔":"它有时候扮演仁爱的、给企业家提供资源并给予"关照"的慈父角色;有时候是忠实的服务员角色;也有时候以攫取市场资源的掠夺者身份出现;还有时候是以专制的"暴君"形象展现"(符平,2013)。什么时候扮演什么样的角色,取决于具体的历史阶段和市场社会结构。

在政府的多重角色和行为逻辑之下,政府理性成为一个能将政府的不同行为纳入同一分析框架的研究视角。政府理性是政府协调、整合社会行为主体之间关系的机制与能力(史云贵,2007),在接受政府有限理性的事实基础上,政府的行为逻辑在某种程度上也是以工具理性的表象而存在的,即表现为一种趋利避害的思维方式和行为模式(刘保平,2003)。随着政府职能定位的转变,政府越来越受到依法行政的合法性要求、以专业主义和科学主义为导向的行政过程规范化要求以及逐渐完善的行政问责制度的约束(吕方,2013),行政体系的理性化是随行政体制改革的深化而逐渐增加的。

随着改革开放的深化,市场在资源配置中发挥的作用越来越重要,加上信息技术发展带来的互联网经济的繁荣,政府逐渐脱离了转轨初期以"政府办市场"为特色的对市场的经营和对市场经济活动的介入,回归到市场的制度供给者、服务者和规制者的主体角色中,但同时也面临着网络技术发展带来的技术壁垒、成本考验和系统风险。在这种情形下,作为市场治理者的地方政府的行为逻辑,是在理性经济人、政治行为人和公共服务提供者的多重角色和价值导向共同作用下的理性选择。

一、成本转移

尽管政府开展市场规制是以促进经济市场良性运转、提升社会总体收益、保护消费者权益为目的的,但政府开展市场规制也需要支付较高的成本。在市场规制中,作为规制主体的政府、被规制对象的企业以及消费者都需要付出相应的成本,其中政府的规制成本是政府规制部门为了实施有效的规制而对规制工作从开始制定到实施过程中所需要的人力、物力和财力投入(石涛,2010)。鉴于规制成本的存在,美国将"成本—收益"方法运用到政府规制政策的评估中,以货币作为投入的衡量尺度,对规制实施过程中的投入成本和规制实施达成后的产出收益进行比较,以此作为决定是否采取以及采取什么样的规制措施的判定方法(蒋红珍,2011)。以"成本—收益"原则进行的规制政策评估方法,中国在规制实践中也进行了一定程度的借鉴与运用。

网络市场的发展特征使政府进行直接监管的成本大幅上升。面对新的市场情境及出现的新情况,政府在进行信息收集、规章制定、规制实施的系列过程中,每个环节都会产生相应的成本。互联网将网络市场经济活动分为线上和线下两个环节,政府监管最终大都落实在线下,网络市场经济活动的线下执法因执法困难往往需要消耗大量的执法成本。以电子商务市场的监管为例,政府的规制成本主要体现在两个方面。

第一,同类案件数量巨大。网络交易的电子化在一定程度上难以实现商品"所见即所得",加之网络经营进入门槛低、违法成本低等特征的存在,网络经济活动更容易出现纠纷。淘宝平台所在地杭州市市场监督管理局近年来接收的网络消费投诉量呈现井喷式增长,2016年杭州市局全系统接收网络投诉137866件,同比增长105%,其中疑似职业投诉举报51647件,同比增长349%;2017年前三季度接收网络投诉188222件,其中疑似职业投诉举报已达到58115件,占比达31%。如此巨大的案件数量在市场监管部门有限的人员编制下,不仅人手严重不足,且逐渐查办需要耗费巨大的行政资源与规制成本。

第二,案件查办花费较高。政府市场监管部门在进行网络商品质量

平台与政府

抽检时会遇到许多线下市场交易未曾出现的困难情形,导致花费较高的成本而产生较少的收益。商品质量抽检是市场监管部门进行市场规制的常用手段,但面对网络市场,商品抽检遇到了诸如证据固定难、证据合法性不足、抽检程序复杂、抽检效果公信力不足等问题,而且抽检的每个环节都要耗费较高的成本。在网络商品抽检上,有些市场监管部门每年用于抽检的花费达上千万元,但最后对抽检出来不合格商品的罚款却只有一百多万元。许多网络商品价值难以认定,并且没有像实体店铺一样相应的库存数量对应,最终处罚的商品件数往往是个位数。许多网商没有实体店铺,市场监管部门在执法时也没有进入私人住宅的权限,还有许多案件的涉案金额远远低于执法所产生的成本。

在这样的现状下,政府进行网络市场秩序规制显然不符合"成本—收益"视角下的政府规制策略,而市场监管部门也确实面临人员不足、成本过高的现实问题。面对网络市场规制的外部性以及公众对网络消费者权益保护的诉求,将治理成本转移给平台型网络市场的经营者——互联网平台企业,是治理成本过高现状下政府规制的理性选择。

二、风险转移

风险逻辑是观察现代社会运行特征的重要视角,政府在开展社会治理的过程中也高度关注着自身可能存在的风险,并依据不同的风险情景来进行治理结构和行为方式的选择(吕方,2013;曹正汉,2014)。同时,随着风险的变动,调整着政府与市场的边界。从风险的视角考察政府的市场治理行为,向静林(2017)将市场治理的过程视为不同主体围绕风险的互动过程,地方政府有时会要求市场主体自行承担风险,有时也不得不深度介入市场交易纠纷,为市场主体分担风险。在政府为市场主体分担风险的观点下,市场一般关注的是经济风险,而政府则更加关注政治风险,当经济风险在一定的条件下转化为政治风险时,政府就会主动介入市场纠纷分担并控制风险。

而从政府在网络市场治理中的策略选择来看,政府的治理选择还存在另外一种风险逻辑。在中国的社会语境体系中,政府在民众心目中往往扮演着"全能型家长"的角色,公众对政府在维护社会稳定、推进市场治理上有着无限责任的期待;对政府来说,社会稳定是政府执政的底线逻辑,无论是市场要素配置失衡、信用体系恶化等市场失灵带来的经济风险,还是因生产经营活动、违法犯罪、环境污染、产品消费等给社会公众人身和财产造成损害的公众风险,在引发民众质疑、不满、抗议以致影响社会稳定时都有可能转化成政治风险。当政府面临较强的政治风险时,适时转移风险也是政府的一种理性选择。

随着互联网新媒体的发展和舆论传播的加速,公共舆论事件的演化、发酵和传播相比以往更加容易,政府面临着比以往更多的处理公共危机事件的需求和更大的化解政治风险的压力。市场领域虽然能够通过市场机制将大部分内生于市场经济活动的风险消解在市场层面,但由于网络市场发展的超前性和既有市场规制制度的滞后性,在互联网经济野蛮生长的同时也出现了大量的市场乱象,侵扰着消费者的合法权益,危害着消费者的信息安全、财产安全甚至人身安全。当大量消费者受到权益损害,或者典型性事件引发消费者的普遍性担忧而使消费者对政府提出更高的治理诉求时,政府就面临着市场失灵转化为政治风险的压力,在有效的新制度难以快速建立、市场的治理需求迫在眉睫的情况下,强化互联网平台企业对平台型网络市场的治理责任,利用政府对市场信誉的发言权和评价权向相关联的互联网平台企业施压,是政府在治理压力下向互联网平台企业转移风险的理性选择。

三、有效治理

推进国家治理体系与治理能力现代化改革目标的提出,使国家对公共事务的管理模式从传统的统治转向致力于公共利益最大化的有效治理。在过去中西方国家的公共管理实践中,市场与国家在资源配置中的作用都经历了失效,市场在提供公共产品、遏制垄断、约束个人自私行为以及克服生产的无政府状态等方面存在市场失灵,而仅仅依靠国家的计划和强制命令,也无法实现资源的最优配置和公众利益的保障与促进。单纯的市场手段或者单纯的行政手段都无法实现社会资源的最优配置和

平台与政府

公共利益的长效增进。在这样的情形下,推进有效治理成为现代国家理想的政治与社会管理模式(胡元梓,2004),以实现对经济发展和社会发展的正向推动。在有效治理的语境下,权力向度一改一贯以来自上而下的、专断性权力过度使用的运作过程,而是朝向上下互动、国家权力的有限使用和有效发挥转变,协商、合作与妥协成为有效治理导向下国家与政府的权力行使准则(冯留建,2007)。

有效治理理念为政府进行市场秩序规制的思路带来两个转变:一是在社会和市场能够进行自我治理,将矛盾消解在市场内部的情况下,政府可尽量减少参与市场规制;二是在政府因资源和技术限制难以达成良好的治理效果,并且社会和市场拥有治理优势时,可积极与非政府主体展开治理合作。特别是进入网络市场发展阶段以来,政府依靠传统的基于线下执法的监管体系已经无法适应互联网经济的虚拟性、在线化、无界性特征,新经济模式的超前发展和法律制度建构的滞后性使政府的公权力监管也面临着合法性问题,同时网络信息技术对信息不对称方向的转变和政府深入网络市场交易细节的技术壁垒的存在,使政府适应市场新形势、转变市场治理模式的速度也难以跟上网络市场形势的变化速度。相反,网络平台逐渐凸显出其在网络市场治理中的优越性,用户交易信息和行为轨迹数据在平台后台的留存使网络平台监管证据充足,同时平台规则所涉及的约束和处罚措施也能够将绝大部分的交易纠纷消解在平台层面。

在有效治理的导向下,政府在网络市场治理困境下有着与非政府主体合作治理的意愿,通过与网络平台的合作共治,达成网络市场的有效治理。在政府与网络平台的合作治理中,网络平台负责平台型网络市场的资质审查、行为规范及纠纷处理等基本治理内容,而政府则立意于矫正市场治理中可能出现的失灵,对网络市场的有效治理起到兜底作用。

第二节 互联网平台企业的合作策略

企业战略是在市场经济条件下,企业面对不断变化的环境,为求得长期生存和不断发展,在对内外部条件充分把握的基础上,对战略期的发展目标、前进方向等大政方针政策的总体谋划。随着市场经济的发展以及对企业管理实践和认识的加强,企业战略经历了战略规划论、环境适应论、战略定位论、资源基础与核心能力论、动态能力论等不同学派递进的演变过程(商迎秋,2011),企业在战略决策中要统合考虑前与后、内与外、上与下、经济与政治、环境与组织的关系及其交互作用。而贯穿始终的核心思想,是企业对外部环境变化的关注与应对策略。总体上,企业在应对外部环境的变化上存在两种策略取向:一种是权变理论,侧重于发挥企业的主观能动性,通过采取相应的策略来影响和作用于环境,从而争取企业经营的主动权(项保华等,2000);另一种则强调企业对环境的适应,企业在制定战略时应充分考虑环境的变化,使企业经营嵌入所处环境中,在对环境的适应过程中找准自身发展空间,从而获得进一步发展。

现下互联网平台企业的内部结构和经营模式发生了很大变化,其面临的外部环境也产生了相应的变化,经济与政治的关系仍然是企业战略中永恒不变的主题,互联网时代信息传播的实时性和无障碍性也使企业声誉在企业发展中的作用越来越重要,同时随着善治理念的深化和社会责任体系的建构,企业社会责任的履行也成为现代企业战略的重要内容。互联网平台企业参与平台型网络市场治理,是在多种机制共同作用下的企业战略选择。

一、压力机制

互联网平台企业进行网络市场秩序治理的压力机制主要来自其与政府的关联与互动。政府与企业间的关系一直是人们研究的中心议题,伴随着经济转轨,政府经历了与国有企业、乡镇集体企业、私营企业的关系变迁,政企关系也嵌入中央政府与地方政府、地方政府与国有企业、地方政府与非国有企业等多重关系之中。对企业来说,产权安排、激励机制与市场竞争是影响企业生存与发展的关键因素。转轨时期,地方政府与企业发展特别是私有企业发展之间形成较大关联,扮演着"扶持之手"与"掠夺之手"的双重角色,并与企业在互动过程中形成"变通"(庄垂生,2000;周雪光,2011)、"共谋"(周雪光,2008)等非制度化运作机制。为探究企业与政府间关系的运作机制,人们基于寻租理论、博弈理论、委托—代理理论、企业政治行为理论、交换理论等理论视角展开各种研究,尝试对企业与政府的微观互动行为进行剖析。

长期以来,企业在市场中的经济活动受到政府的监管,企业面临着来自政府的诸如税费缴纳、安全生产、合法经营、环境保护等规制压力。企业在政府的规制压力下往往也以自身利益为考量而选择采取"合规"或者"能动"的行动策略。企业的政治联系理论为企业在规制压力下的行动策略提供了一定的解释。政治联系可以理解为企业的一种动态的政治策略,企业建立政治联系的动因可以归结为三类:①在制度不健全的环境下,作为替代机制,通过建立政治联系避免政府可能发生的过度干预甚至掠夺,以保护企业的合法权益不受侵害;②在地方政府官员存在寻租行为的情况下,通过与地方官员建立政治联系获取更多收益;③政企互联的关系型合约,政府在某些领域给予企业一定的政策优惠,作为回报或代价,企业也需在其他领域帮助政府完成其社会目标(何德旭等,2011)。

随着市场体制的建立健全及市场开放度增加带来的良性健康发展,基于制度替代机制和寻租机制的企业政治联系已不再是市场中的普遍现象,政企关系型合约是互联网平台企业在制度压力下配合政府进行网络市场治理的可行路径。互联网行业作为新兴行业,在生成发展过程中面临着较大的制度压力,往往需要突破原有行业的强制度约束,才能实现自身的生存和发展(蔡宁等,2017)。以电子商务行业为例,我国电子商务行业的发展壮大是在不断突破原有制度约束的过程中实现的,电子商务平台企业为获得对竞争有利的发展空间,有获取地方政府税收优惠的强烈动机,还要争取地方政府对电子商务规制的宽容态度,这些政府给予的优惠是电子商务平台得以迅速发展的重要原因,也是互联网企业能够在国际竞争中脱颖而出的关键因素。在企业获取政府的宽松政策支持、实现对原有制度约束的突破的同时,企业也需要承担政府给予的网络市场规制任务,承担部分政府开展网络市场规制的成本,将大多数因网络交易而产生的纠纷化解在平台层面。

二、声誉机制

企业声誉作为企业重要的无形资产,已成为现代市场中企业竞争优势的主要来源,在经历了价格竞争、质量竞争、服务竞争等竞争阶段之后,围绕声誉的竞争成为企业市场竞争的新形势,良好的声誉不仅能为企业带来更多的消费者和投资者,提升其职工忠诚度和生产效率,还能以对供应商较强的影响力获取低价原料,并且降低遭遇市场风险的概率(Fombrun,1996)。特别是在市场化程度较高、竞争较为充分的网络市场中,激烈市场竞争的结果是产品的同质化越来越严重,此时产品之外的区别就变得十分重要,企业声誉的作用得以日益凸显。在对企业声誉的评判中,消费者对企业的感知是重要维度,包括企业的知名度、美誉度、可信度、可靠度等多个因素;此外企业的经营业绩、创新能力、社会责任和战略传播也是评价企业声誉的重要指标(汪帅东,2018)。2016年,人民网舆情监测室和人民网财经部联合发布的《"互联网+"企业暨企业家声誉形象研究报告(O2O)篇》,从情感力、竞争力、创新力、责任力、品牌力六个维度出发对互联网企业进行了声誉的评估,同时从感召力、创新力、洞察力、包容力、责任力和传播力六个维度出发对互联网企业家进行了评估。在大众传媒时代,企业家形象也越来越成为企业声誉的重要组成部分。

在企业声誉机制的影响下,平台型网络市场中,消费者对网络平台的安全性、稳定性以及服务的满意程度、内容的健康程度、销售商品的质量以及经营理念等的感知与评价对平台企业的声誉至关重要。而且,互联网平台企业的声誉还受到双边用户行为的牵连,双边用户的不当行为也会对企业声誉产生损害(Marin et al.,2009),以至于网络平台对所经营的平台型网络市场双边用户的秩序规制与良性治理也构成互联网平台企业声誉的重要组成部分。如果一个电子商务平台给消费者留下假冒伪劣商品泛滥的印象,将对网络平台的发展产生极为不利的影响。特别是在网络时代,声誉的形成具有长期性(Bennett et al.,2000),而声誉的损毁则只需要一瞬间,互联网企业需要对维护声誉付出长久而持续的努力。因此,出于对企业声誉的维护和可持续发展的考虑,互联网平台企业也有着治理平台、对平台交易或用户行为中出现的违法违规现象进行规制的内生需求。

三、责任机制

企业社会责任是近年来备受社会公众关心的议题,现代企业不再仅仅是追求自身利益最大化的营利性私人组织,还具备多元化的价值导向,并对其利益相关者负有社会责任。企业的利益相关者不仅包括股东、债权人、员工、消费者和供应商等较为紧密的利益关联人,还包括当地居民、政府部门、社会媒体甚至与自然环境、人类可持续发展等相关的受企业经营活动直接或间接影响的客体(Freeman,1984)。企业承担社会责任的出发点也并不仅仅是出于工具理性将承担社会责任、关注利益相关者需求作为企业获取更多利益的经营战略,还有跳出"目的—手段"范式把关注利益相关者的利益需求和承担社会责任作为一种价值判断,体现出企业对其在社会系统中所扮演的角色责任的关注和伦理道德力量的觉醒(Clarkson,1995;林建宗,2011)。随着企业规模的发展壮大,企业的价值诉求会在一定程度上变得更加多元化,以各种方式积极地参与到改造社会和促进社会整体利益提升的活动中去,体现出企业的边际公共性(李金等,2005)。

在互联网将松散于社会联系纽带中的无组织的、处于游离状态的社会个体聚集到网络社区、网络平台之后,网络空间逐渐成为社会共同体和公共领域的孕育场所,互联网从而在很大程度上具备了公共性。网络平台作为在网络空间中占据重要节点位置的特殊主体,其本身就是网络空间重要的基础设施,相比其他经济主体具有更强的公共性,促使其与社会之间形成一种耦合乃至共生的关系,从而形成网络时代下开放、共享、共赢的互联网平台企业价值生态。在这样的价值导向下,互联网平台企业的社会责任行为表现出履责动力由基于商业目标的工具主义履责驱动向责任生态下协调共赢的价值履责驱动转变,管理方式由传统的基于利益关系的企业紧密利益相关方目标指令式管理向基于价值认同的利益相关方责任价值引领转变,履责范式由供应链资源整合的个体履责向社会化资源整合的平台履责转变(阳镇等,2017)。平台履责成为网络时代企业承担社会责任的新范式。在互联网平台社会责任机制下,开展网络市场治理、遏制不良内容和不正当竞争、打击各类侵权行为,既是维护平台型网络市场良好秩序、打造平台良好生态的内生需求,也是向用户和消费者履行社会责任,乃至从构建市场良性生态和打造普惠经济的更广泛价值导向下的企业责任承担。

第三节 "平台—政府"双层治理模式的策略逻辑

网络市场中的"平台—政府"双层治理模式在一定程度上可以说是政府与互联网平台企业的合作共治,但在该合作共治模式中,平台企业和政府并非处于平等的主体地位,而是总体上呈现出政府规制网络平台、网络平台规制市场的分层治理结构。这样的"平台—政府"双层治理模式之所以能够形成、运转并且起到对网络市场的有效治理作用,单凭来自政府的威权压力或者源自企业内生的责任意识都不足以构成充分解释。换言之,"平台—政府"双层治理模式的形成,是在政府治理逻辑与平台经营策略共同作用下策略相容的结果。

一、策略相容下的"平台—政府"共治机制

基于政府多重角色下的治理逻辑和互联网平台企业的合作策略的分析,在网络市场的大环境下,无论是作为传统市场规制者的政府,还是作为平台型网络市场经营者的互联网平台企业,其本身都具有进行网络市场规制、维护网络市场良性市场秩序的内生需求。但这并不意味着政府

平台与政府

与互联网平台企业对网络市场的治理偏好、治理内容、治理程度等方面的理解和要求是完全一致的,互联网平台企业能够与政府协同形成网络市场的分层式共治模式,很大程度上取决于政府与互联网平台企业之间的策略相容。

"相容"在社会科学语境中通常意味着不同主体间的目标、行为的一致性。在市场规制中,激励性规制理论往往重点关注规制者与被规制者之间的激励相容问题,即在市场经济主体理性经济人假设下理性的个体会按照自利的规则行动,市场规制者需要找到一种制度安排,使企业主体追求私人利益的行为正好与其实现集体利益最大化的目标吻合,从而实现所谓的"激励相容"。激励相容被应用于解决规制者与被规制者之间信息不对称和利益冲突下的委托—代理问题,促使被规制者在追求私人利益的同时也能够兼顾实现规制者的规制目标。但在实践中,能够使企业盈利目标与政府规制目标相契合的制度安排的实现条件往往非常苛刻,特别是在网络市场激烈的同质竞争中对自身的严格规制很有可能在短期内给予竞争对手借势发展的可乘之机,因此符合被规制者利润最大化目标的激励相容在网络市场治理中难以达成。尽管如此,互联网平台企业价值追求的多元化和在社会市场环境中所面临的制度压力,仍然能够使互联网平台企业与政府在平台型网络市场的规制上实现策略相容。

图 5.1 刻画了网络市场"平台—政府"双层治理模式的策略逻辑。进行市场规制、规范市场秩序是政府市场职能的重要组成部分,在面对网络市场治理需求的新生规制场域下,无论是出于转移高昂的技术和人力成本的需求,还是在规避市场问题衍生出政治风险的风险压力下,抑或是在信息不对称方向扭转情势下政府对市场有效治理的探索,都能够触发政府将治理任务发包给相应的互联网平台企业、寻求网络平台合作治理的策略选择。同时,政府对互联网平台企业的治理诉求进而转化为压力机制,连同维持企业竞争优势和长远发展利益的声誉机制,以及基于网络平台公共性和企业承担社会责任的责任机制,成为触发互联网平台企业承担网络市场规制任务的策略选择。从而使政府与互联网平台企业在策略相容的情况下形成"平台—政府"分层治理结构,以应对网络市场的复杂

治理情境,实现网络市场秩序的有效治理。

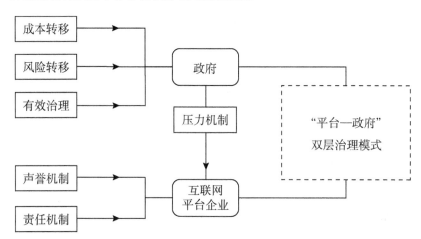

图 5.1 "平台—政府"双层治理模式的策略逻辑

由此,根据以上分析,本书对平台与政府合作共治的策略逻辑提出以下假设:

假设 1:政府采取将网络市场治理任务发包给平台的治理方式,往往是一重或多重治理逻辑共同作用下的策略选择。

假设 2:互联网平台企业采取承担网络市场治理任务的合作策略,往往是一种或多种机制共同作用下的策略选择。

假设 3:"平台—政府"双层治理模式的形成,是基于政府和平台一个或多个合作策略选择下的策略相容。

下面以 A 网约车平台顺风车安全事件和 B 电商平台打击网络非法犯罪为案例,在理论分析和模型假设的基础上运用案例加以详细解释与论证,对"平台—政府"双层治理模式的形成逻辑进行论证。在对案例的选取上,主要基于以下考虑:第一,两个平台都是在各自行业领域中占据最大市场份额的网络平台,也是我国较为典型的超级网络平台,在案例选取上具有较强的典型性;第二,电子商务交易领域和网约车行业是目前网络市场治理中出现问题较多、亟待治理机制创新的领域,针对该领域的研究对改善网络市场治理问题具有现实意义;第三,顺风车安全事件侧重于对事件和过程的梳理,电商平台打击违法犯罪案例则是从长期的、较为稳定的治理机制的角度进行分析,两个案例既包括了短期的事件与过程治理,又包含了长期、稳定的治理机制,在研究上具备全面性。

在案例信息和资料的收集上,主要采用了以下几种方法:一是文献研究,对两家平台的相关文献和书籍等资料进行查阅与分析;二是网络资料查询,对 B 电商集团公开发布的平台规则、社会责任报告、专题访谈等以及 A 网约车平台顺风车安全事件中的新闻报道、官方网站(公众号)发布的消息等进行收集与整理;三是访谈法,笔者通过调研与座谈等方式对 B 电商平台网络安全部、平台治理部的工作人员进行了半结构化访谈,对市场监督管理局、公安局的工作人员就网络市场治理进行了较为深入的访谈和跟踪调研,向 A 网约车平台员工进行了相关情况的了解,积累了较为丰富的研究素材。

二、案例一:A 网约车平台顺风车安全事件及其治理

近年来,网约车行业的发展因涉及众多消费者交通出行问题而备受舆论关注。其中,A 网约车平台自 2012 年上线出租车业务以来,经过一系列企业战略实施和近 20 轮融资的资本运作,在短短几年内迅速成长成为集出租车、快车、专车、顺风车、代驾等业务于一体的一站式出行平台。中国互联网协会发布的《中国互联网发展报告 2018》显示,在 2017—2018年,A 平台在整个网约车市场中占有的份额高达 63%,成为国内网约车市场当之无愧的垄断式巨头企业。

作为网络市场新生事物的典型代表,A 平台在起步阶段一直伴随着巨大的争议,就私人营运的合法性、发生事故纠纷的责任归属、可能存在的市场垄断等问题遭遇了较长时间的争议。自 2015 年 10 月上海市向 A 平台颁发了全国首张网络预约出租车平台经营资格许可后,全国各地城市陆续向 A 平台颁发了经营许可,网约车平台面对的合法性压力得到较大程度的缓解。后来,各地新规中对网约车辆牌照、型号以及司机户籍、身份等的条件限制日益严格,A 平台在实际经营中往往对司机资质审核较为宽松、对租赁公司雇用不符合条件的车主等行为采取睁一只眼闭一

只眼的态度,高速发展下的 A 平台背后存在着较多的问题和隐患。

网约车安全事件就是发生在这一背景下:首先,尽管关于网约车的合法性及其治理机制的相关研究和争论非常多,但对网约车的属性、定位及责任分担机制和监督管理机制一直没有定论,处于以地方实践为主的"摸着石头过河"阶段;其次,A 平台在实际运营中存在着许多不合规的经营行为,这些不合规的经营行为一部分来自法律的滞后性,还有一部分源于企业在利润和规模至上理念下对平台责任的策略性忽视。在政府对网约车司机的准入政策收紧之后,大量原快车和专车平台上的不合规司机流入了监管更为薄弱的顺风车平台,为乘客的出行留下了安全隐患。

在这样的背景下,2018 年 5 月,郑州发生了一起乘客乘坐 A 平台顺风车遭遇司机杀害案,引发了关于顺风车业务中 A 平台没有直接向乘客提供承运服务而只是扮演中介角色的情况下应该承担什么样的责任的热议。同时,针对这次事件,国家相关部门约谈了 A 平台负责人并责令其整改,在经过一周的下线整改后,A 平台重新上线并公布了诸如加强头像隐私、限制深夜接单、推出人脸识别功能、录音功能、一键报警功能等具体的安全保障措施。然而,这次事件发生仅 3 个月后,2018 年 8 月浙江乐清发生了一起乘客乘坐 A 平台顺风车遭遇司机杀害案件,并且案件发生过程中 A 平台暴露出的失败的应急反应体系和客服管理体系引发了巨大的舆论风暴。两起严重安全事件的发生使 A 平台的运营理念与管理方式遭到诟病。事故发生后第二天,浙江运管部门约谈 A 平台浙江区域负责人,要求 A 平台暂停浙江范围内的顺风车业务;随后交通运输部联合公安部等单位约谈 A 平台负责人并责令其对顺风车业务进行全面整改,A 平台同日在全国范围内下线顺风车业务,并且在 9 月 4 日宣布暂停一周的所有深夜出行服务。表 5.1 梳理了 A 平台顺风车业务在各发展阶段的主要特征。

平台与政府

表 5.1　A 平台顺风车业务在各发展阶段的特征

发展阶段	产品逻辑与业务模式	政府态度
初创阶段 (2015—2016 年)	产品定位:共享出行,减少双方出行支出 推广措施:补贴司机 宣传语:让私家车成为一种连接人与人的生活方式	2016 年,国务院及国家相关部委发文《关于深化改革推进出租汽车行业健康发展的指导意见》《关于促进绿色消费的指导意见》,均明确鼓励市民私人小客车合乘的顺风车发展;时任交通部长表态支持,认可其有利于提高交通资源利用,并对缓解城市交通拥堵、减少环境污染具有积极意义
转型阶段 (2017 年)	产品逻辑:强化社交功能,向社交平台转变 转型原因:补贴下降,缺乏精细化运作 宣传语:顺风让我遇见你;不仅是顺风,而且还顺眼;不怕贴标签,就怕你不约……	各地城市对顺风车的态度不同,其中北京、天津等多个城市陆续出台《私人小客车合乘出行指导意见》,对拼车、顺风车等出行方式进行肯定的同时出台相应的管理规定予以规范。也有少数城市在整治中将顺风车视为违法营运予以查处
危机阶段 (2018 年)	危机原因:接连发生两起顺风车乘客遇害事件 危机表现:公众质疑 A 平台的管理方式与运营理念,A 平台顺风车业务下线,市场同类竞争对手增多 A 平台态度:认真学习,坚决整改;将安全红线时刻刻在心里	自 2018 年 9 月起,由交通运输部等部门组成的专项检查组进驻各网约车平台开展专项检查,并在 11 月通报检查情况,对 A 平台做出未完成安全隐患整改前继续下架顺风车业务、依法处置非法营运行为、依法处置涉嫌排除限制竞争和发布违法广告行为等多项处理意见

(一)政府的治理逻辑:风险转移＋有效治理

在由政府交通管理相关部门和 A 平台之间构成的"平台—政府"双层治理模式中,政府和 A 平台公司之间存在着政府向 A 平台公司发包治理任务、A 平台公司对平台司机用户进行规范治理的双层治理结构,A 平台安全事件的爆发属于 A 平台对平台卖方用户治理层面上的治理缺陷以及治理漏洞下的意外事件。在这两起安全事件中,政府在双层治理结构中体现出典型的风险转移和有效治理的治理逻辑。

在网约车大规模兴起之前,我国的城市公共交通总体上呈现出全国范围内分散、地方范围内集中的管理特色,地方交通运管部门掌握着巡游出租车的营运牌照发放,能够通过出租车公司对数量有限的出租车及司机进行直接的管理。如今,以 A 平台为代表的网约车平台将全国范围内的各类网约车辆和司机集中到平台上进行管理,因其司机用户体量巨大,加上行业准入门槛相比出租车行业的低,发生各类纠纷、意外等事件的概率相对较高。政府面对网络约车、共享出行这样的新生事物,在没有已知的明确有效的治理方式和治理规则之前,网约车作为公共交通出行的一种方式在涉及公众的人身、财产安全上本身就存在着较高的潜在风险。在没有完善的规章制度的情况下,禁止营运也是政府规避风险的一种方式,常出现在网约车业务发展的初期阶段;但鉴于传统巡游出租车数量有限、运力不足与公众日益增长的出行需求之间的矛盾,网约车很好地弥补了市场需求的巨大缺口,面对公众的出行诉求,政府已无法通过禁止新生事物来规避潜在风险。在这种情况下,将治理责任和风险承担责任下放给平台是政府的理性选择,即由网约车平台承担用户出行安全保障的具体治理责任及治理机制不完善下的潜在风险。在这两起网约车安全事件中,新媒体的网络化传播将事件的来龙去脉清晰地展现在公众视野中,使大众的关注点聚焦在 A 平台的管理方式、企业价值观是否完善以及是否很好地履行了社会责任上,在某种程度上实现了政治风险向经济风险的转移。

除了风险转移之外,实现网约车出行市场的有效治理也是政府以平台企业作为整体治理单元的重要原因。共享经济的快速发展遗留了很多尚未解决的制度难题和技术难题,例如对于司乘纠纷、侵权、违规等行为的判定存在相当大的取证困难,即便通过录音、录像等设备进行证据采集也难以实现实时的分析和预警。同时,对用户信息的采集、保存和共享也涉及用户隐私,网约车和共享出行行业距离建立完善的有效治理机制还有很长的路要走,而大数据挖掘等技术很可能是未来实现有效治理的突破点。政府有对网络市场进行有效治理的需要,而最为先进的技术却往往掌握在互联网平台公司的手中,信息不对称格局的逆转使政府有与平台展开合作治理的需要,并通过向平台施加压力倒逼平台在市场治理上加速创新,例如通过复杂算法和大数据挖掘分析进行高危情景预警,从而实现用户出行安全保障从事后补救向事前隐患预警转变。

(二)A 平台的策略选择:声誉机制＋压力机制

在这两起网约车安全事件中,A 平台公司首先面临的问题便是声誉危机。在此之前,A 平台上一直是以负责任的企业形象展现在公众面前,并通过成立平台研究院,在"改善城市交通,普惠大众出行"上做了诸多努力。A 平台深谙安全问题对公众的重要性,曾在宣传上投入许多资源,将企业形象与"安全"紧密联系在一起,喊出"科技让出行更安全"的宣传口号,推出"五大安全科技":三证验真、人像识别、行程分享、紧急求助、号码保护等安全保障措施,使 A 平台的"安全"印象根植于用户脑海中,为 A 平台持续占据市场垄断份额打下用户信任基础。然而前期的安全声誉树立得越好,在发生安全事件暴露出 A 平台安全体系的脆弱和漏洞后负面影响就越大,随着网络的传播和舆论的发酵,A 平台的企业声誉岌岌可危,面临着成立以来的最大危机。在这种情况下,A 平台公司首先考虑的是如何补救和挽回企业声誉,而承认错误并承诺担负起平台市场治理的责任是当下最好的补救措施。为此,在两起事件发生后,A 平台 CEO 与总裁联名发布道歉信,并公布了将要展开的具体治理措施,包括建立以安全为核心的考核指标、采取三方连线拨打 110、上线警方自助查询系统等。可见,声誉机制是网约车安全事件后平台选择承担治理责任的重要原因。

除了企业声誉受到安全事件的重大影响外,A 平台还面临着来自政府部门的强大压力。面对市场中出现的新经济型态和新生事物,政府收与放、严与宽的尺度把握对新经济的发展至关重要,因此来自政府层面的压力机制对 A 平台的企业策略选择十分重要。在经济领域立法滞后于新经济型态发展速度的情况下,约谈成为政府经济执法的重要方式(贾小路,2013)。在两次安全事件发生后,交通运输部等相关部门均对 A 平台负责人进行了约谈,责令其就安全保障措施等问题进行整改。北京、天津、南京、广州等十余个城市的主管部门也先后约谈了 A 平台当地的负责人。表 5.2 列举了交通运输部协同多个部门进驻 A 平台进行专项安全检查后发现的七大类问题和 A 平台作为回应提出的整改措施。来自政府的压力机制也是 A 平台承担网约车出行安全治理责任的重要原因。

表 5.2 交通运输部通报 A 平台存在的问题和 A 平台的整改措施

存在问题	整改措施
顺风车产品存在重大安全隐患	顺风车业务于 2018 年 8 月 27 日下线,未完成隐患整改前将无限期下线顺风车业务
	下线整改中的顺风车平台关闭社交功能,禁止合乘双方自主编辑内容评价对方,评价行程满意程度仅与出行行为相关,不向第三方展示,依法保护用户隐私
	建立并加强出行类新产品的安全评估制度,邀请安全和法律等相关专家对新产品进行风险评估和论证,主动接受相关部门的建议和指导。对存在风险漏洞的新业务和产品,在隐患未消除前不上线运营
安全生产主体责任落实不到位	建立健全安全生产管理规章制度。按照《中华人民共和国安全生产法》等法律法规,严守车辆及司机准入要求,完善已有的 18 项安全制度;开展法律培训及常态化的自查互检行动,落实监督检查隐患排查工作,确保安全费用投入有效执行;督促各相关子及分公司认真贯彻落实相关法规和工作制度、履行企业安全生产主体责任
	加强线下安全力量建设。在各子、分公司设置安全部,配备与业务规模相适应的线下安全管理人员,负责对司机的安全审核、安全教育、安全投诉处理、安全事件应急处置等工作,加强安全生产教育培训和线下安全力量建设

续表

存在问题	整改措施
社会稳定风险突出	完善政企协作配合机制。已与交通运输部门全面对接相关数据,建立了警方调证绿色通道,400电话安全调证专线团队7×24小时待命,并建立警企协作支援机制,在全国各区域36个大中城市驻点跟进,预防和跟进处置突发事件,依法依规为各地公安及司法部门侦查办案、反恐维稳等提供全力支持
	落实安全生产责任制。制定《A平台安全职责规范》并将相关安全职责落实到对应岗位职责规范中,并建立相应奖惩机制,责任层层压实,隐患步步严防。此外,按照相关法规保障安全经费投入并接受相关部门的监督检查
	加强隐患排查治理。通过自主研发的安全监察平台,建立事故风险隐患排查治理台账;制定《安全隐患督查管理制度》,建立事故风险隐患排查治理机制,利用自主研发的安全监察平台,开展隐患排查治理工作,并对以往安全案件深入剖析,确保未来及时发现隐患漏洞并有效整改
	加强安全培训教育。目前管理层和重点岗位已完成《安全生产法》《网络安全法》学习和考试,已在全员新员工培训中加入安全培训课程;建立健全司机安全教育体系,从驾驶安全、驾驶习惯、冲突安全、情绪管理、突发性应急急救等角度对司机进行线上和线下安全教育,并定期考核及随机抽查
网约车非法营运问题突出	按照《网络预约出租汽车经营服务管理暂行办法》和地方实施细则等规定,根据各地网约车实施细则对车辆轴距、排量、车价等不同要求,制定分城市分阶段合规目标,并在各地交通主管部门指导下不断完善合规化推进方案,加强与各地主管部门的沟通,积极办理平台证,持续大力推进合规工作;同时,加大合规化投入力度,设立证件办理推进专项资金,组织专职人员加快推进证件办理,积极组织驾驶员培训,和合作伙伴一起鼓励、引导司机办理人证车证
网约车非法营运问题突出	克服困难,持续并加快清退平台上不符合《网络预约出租汽车经营服务管理暂行办法》要求的司机和车辆,强化派单合规性引导,逐步减少对不合规人员和车辆派单,直至停止。后续将持续公布A平台在全国各地区的合规工作进展
	按主管部门要求将所有开展业务的城市网约车运营数据与全国网约车监管信息交互平台对接,后续将按规定持续传送,并保证传输数据质量

存在问题	整改措施
应急管理基础薄弱且效能低下	按照国家颁发的《安全生产法》和《突发事件应急预案管理办法》等要求,查找应急处置的薄弱环节,修订《A平台出行安全事件应急预案》;成立应急办并聘请安全管理、应急救援等行业专家组建应急处置专家智囊团;定期组织突发事件应急处置演练,提升应急救援、快速调度和风险防范能力
	建立由安委会统一领导的应急总指挥机制,优化应急处置流程,在主管部门的指导下,参与突发事件处置和社会治安秩序维护,及时回应舆论关切;优化应急处置流转环节,有效缩短处置时间;总部应急指挥中心7×24小时值班,在各大区域建立夜间处置机制,为突发事件处置提供全方位支持;借鉴民航、高铁等先进经验,提升应急处置水平
	持续扩充客服自有团队,目前已实现安全类相关进线均由自有客服承接,并聘请法律、刑侦、心理疏导等领域专家对客服进行培训;强化投诉处理能力,实时受理并积极响应安全类投诉;在符合相关法律的前提下,持续高效配合警方调证工作;提供代报警服务即客服、用户和110三方实时通话,用户向警方陈述案情后,客服向警方提供订单信息;建立线上客服、面对面客服、司机管家"三位一体"的联动投诉处理机制
	按照《突发事件应对法》与有关部门建立联动机制,在各地政府的领导下提升大应急、强救援意识,与专业机构、行业协会等组织联动形成协同治理,确保快速反应处理应急事件;建立协稳机制,对重大业务调整、策略变更,事前进行安全风险评估,经隐患排除、风险控制后,采取试点运行、逐步推进等方式,确保行业稳定。对突发的各类重大安全事件,及时上报属地管理部门,做好应急救援,协助相关部门维护秩序,降低社会影响
社会稳定风险突出	强化派单公平性自查并建立审核机制,推动和鼓励"多劳多得、优劳优得"的公平市场环境;加强线上线下各渠道与司机的沟通,在线上教育渠道、各城市新媒体、线下城市驾管等各级沟通渠道公开平台规则;积极听取司机心声,及时解决司机诉求,提升司机对平台规则的理解;加强面对面服务司机的能力,有效化解矛盾冲突

续表

存在问题	整改措施
社会稳定风险突出	强化司机教育管理,保障行业及社会稳定。线上依托"百川平台"开展精准教育培训,线下开展事前培训、定期培训和"回炉"培训,持续帮助司机提升守法和主动维稳意识;严控企业信息平台,杜绝有害信息传播,确保传播信息符合法律法规及社会主义核心价值观,积极正向利于行业发展
	积极推动网约车和巡游出租车融合,促进出租车行业的创新发展。多渠道收集司乘反馈意见,对影响社会治安秩序的行为,及时向公安机关和主管部门报告;积极引导司机采取正当渠道反馈诉求,配合管理部门妥善处置稳定事件,维护好市场秩序和行业稳定
公共安全隐患问题较大	按照《网络预约出租汽车经营服务管理暂行办法》,制定平台车辆及驾驶员准入制度,严把车辆和司机准入关;A平台将按照合规化推进方案,在各地交通主管部门的指导下,按照交办运〔2018〕119号文件要求,对现有注册司机和车辆制定分阶段清退方案,稳步清理不符合条件的车辆和人员,加快合规进展
	与管理部门展开合作,动态核查平台司机和车辆信息,定期核查人车资质状况,加强风险防控;通过人脸识别、客服回访及线下核验等手段,加强线上线下人车一致性审查,坚决打击人车不符行为
	通过大数据分析和机器学习,加强车辆动态风险预警,发现路线偏移、异常停留、频繁取消等异常情况及时介入干预;持续开发和优化各项安全保护功能,通过已上线的一键报警、紧急联系人、行程分享、录音录像等安全功能和安全须知,对乘客进行安全乘车宣传提示,如建议未成年人由监护人陪同乘车,建议女性用户夜间乘车将行程分享给亲友、设置紧急联系人、落座后排系好安全带等等
	相关岗位层层签订社会治安综合治理责任书,落实主体责任。通过线上线下管理手段,化解司乘矛盾、维护社会和谐稳定、担负社会安全稳定责任;持续优化"一键报警"功能,推动短信报警功能扩大覆盖范围;开发信息系统,方便各地公安机关接入系统后第一时间查询获取相关信息、研判警情并部署工作,目前已在全国60多个地市公安机关投入使用;教育用户正确使用"一键报警"功能,多渠道多方式向用户宣传一键报警功能的使用场景和方法,积极避免用户因试用、错用、滥用一键报警功能导致警务资源无效占用

存在问题	整改措施
互联网信息安全存在风险隐患	对内部信息系统进行整体排查。目前已聘请公安、国家密码管理局推荐列表中的三家机构进行信息安全测试及评估;及时对排查中发现的安全漏洞进行修补,加强技术防护体系建设,并及时向监管部门报送评估报告和整改进展报告
	完善《A平台出行数据安全管理总纲》,严格落实数据分级分类管理办法。目前A平台App数据已全量加密,用户隐私保护工作在国家相关部门的检查工作中获得肯定;开展用户信息收集情况梳理专项自查工作,杜绝强制授权、过度授权和超范围收集的同时严防信息泄漏
	升级信息网络安全管理组织架构,各级公司中建立信息安全委员会;健全信息网络安全管理制度体系;明确信息安全岗位责任并签订承诺书;完善《A平台数据安全管理总纲》,《A平台信息安全事件处理制度》等内部规章制度,加强内部问责奖惩机制
	已制定并逐步实施针对所有正式员工、实习生以及外包供应商进行入职信息安全培训和考试,全员签署信息安全增强协议;对重点部门和岗位制定专项培训计划,从安全合规、安全意识、安全开发三方面开展培训和考核

资料来源:交通运输部新闻(http://www.mot.gov.cn/jiaotongyaowen/201811/t20181129_3135391.html),以及平台官方微信公众号。

三、案例二:电商平台打击网络违法犯罪

网络违法犯罪现象是随着互联网信息经济发展而衍生出的公共治理问题。据中国信息通信研究院测算,2017年我国数字经济总量达27.2万亿元,占GDP比重达32.9%,对GDP增长的贡献率达55.0%;2021年,我国数字经济规模增至45.5万亿元,占GDP比重39.8%,6年来年均复合增长率达13.6%,互联网信息经济在我国经济体系中扮演着十分重要的角色。随着互联网信息经济的飞速发展,网络违法犯罪也水涨船高,成为政府安全部门开展公共治理的重心和难题。图5.2显示了2011—2015年我国公安机关侦办网络违法犯罪案件数量变化情况,随着共享经济进入平台经济时期,网络违法犯罪也呈现爆发式增长,每年给社会经济造成数千亿元的损失。CNNIC发布的《第42次中国互联网络发

展状况统计报告》显示,2018 年上半年,CNCERT 接到网络安全事件报告累计 54190 件,同比增长 12.2%;全国各级网络举报部门受理有效举报 3902.8 万件,同比增长达 117.1%。近年来,电信诈骗等涉信息网络犯罪案件激增,网络违法犯罪的严峻形势对打击网络犯罪产生了较高的治理需求。

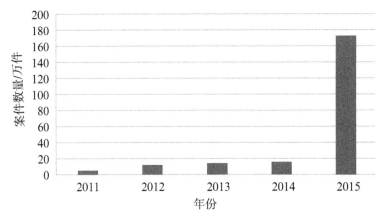

图 5.2　2011—2015 我国公安机关侦办网络违法犯罪案件数量

资料来源:新华网《2011—2015 年度网络违法犯罪大数据报告》。

　　网络购物类平台是许多网络违法犯罪人员的青睐之地,网络购物、电子交易的虚拟性为网络违法犯罪提供了可乘之机,并衍生出庞大的黑灰产业链和从业人群。数据显示,自 2015 年起,我国互联网黑灰产业从业人员已超过 40 万人,在 2017 年中国网络安全产业规模仅为 450 多亿元时,黑灰产早已达到千亿元规模。作为国内最大的电子商务交易平台,B 平台在过去几年中也承担了打击网络违法犯罪的治理责任。表 5.3 梳理了 B 平台所涉及的网络安全治理内容,近年来 B 平台利用其所在集团的基础数据优势和企业技术优势,在整合安全基础数据进行犯罪追踪、利用大数据技术构建黑灰产识别检测体系、利用计算模型推演进行诈骗炒信案件的源头取证等方面进行了许多尝试并获得了较好的治理成效。

表5.3 B平台涉网安全治理内容

安全类别	安全业务范围
账户安全	盗号、垃圾注册等
信息安全	假冒伪劣产品信息,禁限售产品信息等
交易安全	欺诈,网络诈骗,恶意行为,虚假交易等
基础安全	黑客攻击,信息泄露等

资料来源:笔者依据调研和访谈整理所得。

B平台参与打击网络违法犯罪体现出的是政府与企业合作治理的治理逻辑。以打击黑灰产业为例,针对黑灰产业链中提供网络基础资源、实施违法犯罪行为和洗钱套利的上、中、下游进行针对性的线索收集与数据挖掘,同政府协作形成"线索收集—线上排摸—案件分析—线下打击"的黑灰产研判体系,由B平台负责线上线索收集与分析,政府公安部门实施具体的线下执法。在打击网络违法犯罪的成效上,B平台集团报告数据显示,2016年,B平台协助警方抓获犯罪嫌疑人880名,捣毁涉假窝点1419个,破获案件涉案总金额超过30亿元;2017年,B平台协助抓捕涉案人员1606人,捣毁窝点1328个,涉案金额约43亿元;2017年—2018年9月,B平台配合各地执法机关破获各类涉黑灰产案件8022起。此外,B平台还与多地公安、市监部门就打击网络违法犯罪开展了专项合作。

(一)政府的治理逻辑:成本转移＋有效治理

随着犯罪行为的非接触性增强、犯罪途径的增多以及犯罪形式的千变万化,公安部门进行网络违法犯罪打击的成本和难度呈现出越来越高的趋势。在笔者的调研过程中,某市公安局负责互联网信息经济工作的负责人在谈到近年来公安部门打击网络违法犯罪所遇到的问题时指出:"互联网的发展给公安部门安全治理工作带来的影响和转变非常大,网络违法犯罪对国家安全、政治安全、社会稳定等都产生着严重威胁。……网络经济使社会形态发生了新的变化,牵涉警力最多的由从前的治安问题转向现在的网络诈骗问题,并且出现了许多以前没有遇到的情况,例如目前互联网金融存在的问题越来越严重，一个产品出现问题可能涉及几十万人，涉众型欺诈行为会对社会稳定造成不利的影响。在这些新问题面前，政府受到了很大的技术层面和机制层面的制约，单独办一个案件来说，它产生的价值可能很小，但我们破案执法所需要付出的代价却很大，把社会需求的总量加在一起的话，是现有的资源条件下所无法承受的。"

面对日益增长的打击网络违法犯罪的治理需求，政府在受到技术和资源制约的情况下，将打击违法犯罪的部分治理任务发包给网络平台，与网络平台进行分工协作是政府实现治理成本转移和有效治理的理性选择。自 2007 年浙江省公安厅与 B 平台集团签订协议合作共建经济犯罪网上预警平台开始，浙江省各地市公安局、广州市公安局、洛阳市公安局等全国多地公安部门都陆续与 B 平台展开了打击网络违法犯罪的战略合作。

(二)B 平台的策略选择：压力机制＋声誉机制＋责任机制

B 平台在参与打击网络违法犯罪的策略选择上，体现为压力机制、声誉机制和责任机制的共同作用。B 平台作为国内最大的电子商务交易平台，聚集了海量的用户群体，也为违法犯罪行为提供了便利的平台、庞大的目标群体和众多的机会。对于某些类型的违法行为，特别是售卖假冒伪劣商品、信用炒作等行为，国家和社会普遍认为应该由平台担负起治理责任。多年来，B 平台在打击假冒伪劣商品上一直受到来自政府的治理压力，市场监管部门曾公开批评 B 平台对在其旗下电商平台上出售假冒伪劣商品的行为管控不力。在政府监管部门的压力下，B 平台需要对借助平台实施的违法犯罪行为做出实际的治理措施。

同时，平台的安全也是平台声誉的重要组成部分，如果电子商务交易平台带给消费者的第一印象和直观感受是假冒伪劣产品多、刷单行为多、个人信息泄漏风险高、交易资金账户安全有风险的话，将会极大降低平台的声誉并影响消费者对平台的依赖程度。B 平台积极参与打击网络违法犯罪，不仅可以避免企业声誉受损，还能够通过企业积极承担治理责任的正面宣传作用提升企业声誉和企业形象。特别是在公众较为关心的假冒伪劣产品问题上,B平台的应对策略是公开声明将制假售假商家置于平台的对立面,表达在假货问题上B平台同消费者一样也是受害者,提出诸如"像治理酒驾一样治理假货"的打假宣言,并通过发布《B平台知识产权保护年度报告》,向社会公众公布平台在打假上取得的业绩和成效,以提升平台在公众心目中的形象。声誉机制是B平台参与网络违法犯罪治理的重要原因。

此外,责任机制也在平台参与网络违法犯罪治理中发挥了一定作用。在其电商平台、支付平台等在某种程度上成为全国性的网络公共基础设施的情况下,公共性也已根植于企业的基因,并体现在企业价值与企业文化之中。例如B平台创始人曾在公开场合多次表达"B平台要成为区别于私有企业和国有企业的'国家企业'""让天下没有难做的生意""普惠"等企业价值观。打击网络违法犯罪同样是企业承担社会责任、体现平台公共性的表现,在B平台历年发布的企业社会责任报告中,利用技术与创新推动网络违法犯罪治理,促进商业透明化与社会安全稳定,一直是企业履行社会责任的重要内容。

第六章 "平台—政府"双层治理模式的稳定性分析

尽管网络社会权力关系的变化提供了"平台—政府"双层治理模式得以形成的权力基础,平台与政府在网络市场治理具体情境下的策略相容成为"平台—政府"双层治理模式得以形成的逻辑前提,但这并不意味着平台总是有与政府合作进行网络市场治理的意愿。在网络市场治理实践中,平台与政府的合作与冲突并存,意味着二者在不停地博弈。那么在平台与政府围绕网络市场治理的博弈中,能否形成稳定的"平台—政府"双层治理结构?哪些因素会影响"平台—政府"双层治理模式的稳定性?本章试图引入演化博弈论的分析工具,以政府和电子商务平台对平台商家售卖假货的治理为例,从群体层面进行治理决策的动态演化分析,以期对"平台—政府"双层治理模式的稳定性进行探讨。

第一节 政府监管与平台治理演化博弈模型构建

一、问题描述

互联网平台的企业性质决定了平台企业并不总是有协同政府进行网络市场治理的意愿。一方面,尽管网络平台因成为网络市场公共基础设施而具备了某种程度上的公共性而具有进行网络市场治理的内生需求,但平台与政府两者的治理需求和治理偏好仍然存在着较大差异;另一方面,互联网平台企业作为商业主体,盈利能力仍然是影响其生存发展最重要的因素,当进行网络市场治理需要花费巨大成本并且对其竞争优势产生不利影响时,平台企业的策略选择往往会从合作转向博弈。本章构建了电子商务市场假货治理视域下政府监管与平台治理的非对称演化博弈模型,以分析政府与电商平台作为博弈双方在不同条件下对待入驻商家售假治理的策略演化路径和稳定性策略。

在有限理性的基本假设下(易余胤等,2005),政府与平台都受到多重理性因素的制约并在实践过程中不断进行着策略的调整,由于双方均处于不完全信息状况之下,对博弈双方的策略不能进行快速精准的判断,因此理性稳定策略需要在不断的博弈过程中逐步形成。目前学界已针对政府与企业之间的监管与被监管关系展开了多项演化博弈研究(苪翠红等,2009;陈真玲等,2017;曹裕等,2017;崔雅雯等,2018),但网络市场治理视域下政府与平台企业间的演化博弈有其特殊之处:互联网平台企业既是网络市场中的"运动员",又是平台型网络市场中的"裁判员",即互联网平台企业本身既是被监管对象,又是平台型网络市场的监管者,决定了政府监管与平台治理间博弈关系的复杂性。

在电子商务交易市场假货治理的情境下,政府监管部门和电子商务平台是具有有限理性的博弈双方,双方围绕对平台商家售假行为的规制进行策略博弈。对政府来说,对网络市场售卖假货现象有两种治理策略:一是被动监管,即通过消费者举报获得商家售假线索,进而对售假商家进行查处,同时对商家所在的网络平台进行相应的连带责任惩处;二是平台监管,即政府不直接对平台上的商家进行监管,而是通过监管网络平台,要求平台对入驻商家的售假行为进行规制,即采用政府监管平台、平台治理商家的"平台—政府"双层治理模式。对互联网平台公司来说,同样也存在两种治理策略:一是花费一定的成本对平台商家的售假行为进行严格治理,以提升平台声誉以及获取长远发展利益;二是对平台商家的售假行为进行消极治理甚至放任不管,以获取短期内较高的经济效益,但也存在着相应的风险,包括因政府发现平台监管失职而进行的惩罚以及平台假货泛滥导致的声誉损失等。为便于分析,对参数设置做出以下说明:

平台与政府

设 R_G 为政府监管部门规制电子商务交易市场售假行为所获得的收益，主要包括收缴的罚款以及市场的良性健康发展对政府治理绩效的增进；C_1 为政府监管网络平台的成本，λ_1 为平台没有履行售假规制责任时，政府监管平台的成功率；C_2 为政府通过消费者举报监管商家售假的成本，θ 为消费者在买到假货后进行举报的概率，λ_2 为政府被动监管的成功率；C_P 为网络平台进行平台内商家售假行为的规制所需的成本，主要包括监管所需的技术、人力和财力成本、关闭商家所失去的佣金成本、设定规则所需的规则成本等，μ 为网络平台对平台商家售假进行治理的治理效率；R_T 为网络平台进行假货治理所获得的收益，主要包括平台声誉提升带来的效益以及平台良性发展带来的长远利益；R_F 为网络平台不进行假货治理时所获得的收益，主要是短期可见的经济利益；P_F 为平台不进行假货治理被政府查处时所受到的处罚；P_R 为平台不进行假货治理时因声誉损毁而受到的损失。主要参数及定义如表 6.1 所示。

表 6.1　博弈模型参数及定义说明

参数	定义说明
R_G	政府监管部门规制电子商务交易市场售假行为所得收益
C_1	政府监管部门进行平台监管所需成本
C_2	政府监管部门进行间接监管所需成本
λ_1	政府监管部门进行平台监管的成功率
λ_2	政府监管部门进行间接监管的成功率
θ	消费者买到假货后进行举报的概率
C_P	网络平台进行假货治理所需成本
μ	网络平台进行假货治理的治理效率
R_T	网络平台进行假货治理时所得收益
R_F	网络平台不进行假货治理时所得收益
P_F	网络平台不进行假货治理被政府部门查处时所受处罚
P_R	网络平台不进行假货治理时声誉损毁导致的潜在收益损失

二、模型假设

假设 1 网络平台选择不进行假货治理的概率为 $x(0 \leqslant x \leqslant 1)$,则其选择进行假货治理的概率为 $1-x$;同理,政府监管部门选择平台监管策略的概率为 $y(0 \leqslant y \leqslant 1)$,则其选择间接监管策略的概率为 $1-y$。

假设 2 政府无论采用何种监管策略,其付出的监管成本和监管成功率成正比,系数为 k,但两种不同监管方式的系数不同,即 $C_1 = k_1\lambda_1(0 < \lambda_1 < 1)$,$C_2 = k_2\lambda_2(0 < \lambda_2 < 1)$,且 $k_1, k_2 > 0$,$k_1 \neq k_2$。

假设 3 网络平台进行假货治理所需的治理成本和其治理效率成正比,即 $C_P = k_3\mu(0 < \mu < 1)$,且 $k_3 > 0$;消费者发现买到假货后进行举报的概率为 θ,满足 $0 < \theta < 1$。

假设 4 考虑到我国目前电子商务市场假货治理的现实情况,政府与平台各项收益、损失均为正,即 $R_G, R_T, R_F, P_F, P_R > 0$;且在目前政府监管受技术和信息不对称制约的情况下,政府采取平台监管策略的成本要低于采取间接监管策略,且平台监管成功率也高于间接监管,即 $C_1 < C_2$,$\lambda_1 > \lambda_2$。

三、模型构建

依据上述对博弈模型的假设及相关参数的定义,可以得出政府监管部门和网络平台关于假货治理问题的博弈收益矩阵,如表 6.2 所示。

表 6.2 政府和平台博弈的收益矩阵

网络平台	政府部门	
	平台监管	间接监管
不治理	$V = (1-\lambda_1)R_F - \lambda_1 P_F - P_R$, $U = \lambda_1 R_G - C_1$	$V = (1-\theta\lambda_2)R_F - \theta\lambda_2 P_F - P_R$, $U = \lambda_1\theta\lambda_2 R_G - C_2$
治理	$V = \mu R_T - C_P - \lambda_1(1-\mu)P_F$ $-(1-\mu)P_R$, $U = \lambda_1\lambda_1(1-\mu)R_G - C_1$	$V = \mu R_T - C_P - \theta\lambda_2(1-\mu)P_F$ $-(1-\mu)P_R$, $U = \lambda_1\theta\lambda_2(1-\mu)R_G - C_2$

根据上述收益矩阵,可以得出互联网平台企业采取不治理策略和治理策略时的期望收益以及群体平均收益,分别为

$$U_1 = y[(1-\lambda_1)R_F - \lambda_1 P_F - P_R] + (1-y)[(1-\theta\lambda_2)R_F - \theta\lambda_2 P_F - P_R]$$
$$(6.1)$$

$$U_2 = y[\mu R_T - C_P - \lambda_1(1-\mu)P_F - (1-\mu)P_R] +$$
$$(1-y)[\mu R_T - C_P - \theta\lambda_2(1-\mu)P_F - (1-\mu)P_R] \qquad (6.2)$$

$$\overline{U} = x U_1 + (1-x)U_2 \qquad (6.3)$$

同理可得政府部门在采取平台监管策略和间接监管策略时的期望收益以及群体平均收益,分别为

$$V_1 = x(\lambda_1 R_G - C_1) + (1-x)[\lambda_1(1-\mu)R_G - C_1] \qquad (6.4)$$

$$V_2 = x(\theta\lambda_2 R_G - C_2) + (1-x)[\theta\lambda_2(1-\mu)R_G - C_2] \qquad (6.5)$$

$$\overline{V} = y V_1 + (1-y)V_2 \qquad (6.6)$$

根据演化博弈理论(谢识予,2014),可通过上述公式构建平台和政府的复制动态方程

$$U_t = \frac{dx}{dt} = x(U_1 - \overline{U})$$
$$= x(1-x)\{R_F + C_P - \theta\lambda_2(R_F + \mu P_F) -$$
$$\mu(R_T + P_R) - y[(\lambda_1 - \theta\lambda_2)(R_F + \mu P_F)]\} \qquad (6.7)$$

$$V_t = \frac{dy}{dt} =$$
$$y(V_1 - \overline{V}) = y(1-y)[x\mu(\lambda_1 - \theta\lambda_2)R_G +$$
$$(1-\mu)(\lambda_1 - \theta\lambda_2)R_G - C_1 + C_2] \qquad (6.8)$$

令 $U_t = 0, V_t = 0$,对复制动态方程进行求解,可以得到 5 个复制动态均衡点:$(0,0),(0,1),(1,0),(1,1),(x_0,y_0)$,其中

$$x_0 = \frac{R_F + C_P - \theta\lambda_2(R_F + \mu P_F) - \mu(R_T + P_R)}{(\lambda_1 - \theta\lambda_2)(R_F + \mu P_F)},$$

$$y_0 = -\frac{(1-\mu)(\lambda_1 - \theta\lambda_2)R_G - C_1 + C_2}{\mu(\lambda_1 - \theta\lambda_2)R_G}$$

第二节　政府监管与平台治理的演化博弈分析

在上述构建模型的基础上,采用弗里德曼(Friedman)提出的方法对

140

平台与政府间的演化博弈进行稳定性分析,由复制动态方程描述的群体动态的演化稳定策略可以从其雅可比矩阵的局部稳定性分析中得到。上述复制动态方程组的雅可比矩阵为

$$J = \begin{pmatrix} \dfrac{\partial U_t}{\partial x} & \dfrac{\partial U_t}{\partial y} \\[2mm] \dfrac{\partial V_t}{\partial x} & \dfrac{\partial V_t}{\partial y} \end{pmatrix} \tag{6.9}$$

$$\frac{\partial U_t}{\partial x} = (1-2x)[R_F + C_P - \theta\lambda_2(R_F + \mu P_F) - \mu(R_T + P_R) - y(\lambda_1 - \theta\lambda_2)$$
$$(R_F + \mu P_F)]$$

$$\frac{\partial U_t}{\partial y} = -x(1-x)(\lambda_1 - \theta\lambda_2)(R_F + \mu P_F)$$

$$\frac{\partial V_t}{\partial x} = y\mu(1-y)(\lambda_1 - \theta\lambda_2)R_G$$

$$\frac{\partial V_t}{\partial y} = (1-2y)[x\mu(\lambda_1 - \theta\lambda_2)R_G + (1-\mu)(\lambda_1 - \theta\lambda_2)R_G - C_1 + C_2]$$

雅可比矩阵的行列式 $\det J = \dfrac{\partial U_t}{\partial x} \cdot \dfrac{\partial V_t}{\partial y} - \dfrac{\partial U_t}{\partial y} \cdot \dfrac{\partial V_t}{\partial x}$,迹 $\text{tra}J = \dfrac{\partial U_t}{\partial x} + \dfrac{\partial V_t}{\partial y}$。

各均衡点是否为演化稳定策略(ESS),可以用雅可比矩阵的行列式和迹进行判定。具体而言,当 $\det J > 0$ 且 $\text{tra}J < 0$ 时,可以判定该均衡点为 ESS;当 $\det J > 0$ 且 $\text{tra}J > 0$ 时,该均衡点为不稳定点;当 $\det J < 0$ 时,可以判定该均衡点为鞍点;当 $\det J > 0$ 且 $\text{tra}J = 0$,并同时满足 $(x_0, y_0) \in (0,1)$ 时,可以判定该均衡点为中心点,否则当 $\text{tra}J = 0$ 时可视该均衡点为鞍点。

在此基础上,将各均衡点依次代入雅可比矩阵得到矩阵行列式 $\det J$ 和迹 $\text{tra}J$ 的值,具体如 6.3 所示。

表 6.3   各均衡点 det$J$ 和迹 tra$J$ 值

均衡点		矩阵行列式和迹表达式
$(0,0)$	det$J$	$[R_F+C_P-\theta\lambda_2(R_F+\mu P_F)-\mu(R_T+P_R)][(1-\mu)(\lambda_1-\theta\lambda_2)R_G-C_1+C_2]$
	tra$J$	$R_F+C_P-\theta\lambda_2(R_F+\mu P_F)-\mu(R_T+P_R)+(1-\mu)(\lambda_1-\theta\lambda_2)R_G-C_1+C_2$
$(0,1)$	det$J$	$-[R_F+C_P-\lambda_1(R_F+\mu P_F)-\mu(R_T+P_R)][(1-\mu)(\lambda_1-\theta\lambda_2)R_G-C_1+C_2]$
	tra$J$	$R_F+C_P-\lambda_1(R_F+\mu P_F)-\mu(R_T+P_R)-(1-\mu)(\lambda_1-\theta\lambda_2)R_G+C_1-C_2$
$(1,0)$	det$J$	$-[R_F+C_P-\theta\lambda_2(R_F+\mu P_F)-\mu(R_T+P_R)][(\lambda_1-\theta\lambda_2)R_G-C_1+C_2]$
	tra$J$	$-R_F-C_P+\theta\lambda_2(R_F+\mu P_F)+\mu(R_T+P_R)+(\lambda_1-\theta\lambda_2)R_G-C_1+C_2$
$(1,1)$	det$J$	$[R_F+C_P-\lambda_1(R_F+\mu P_F)-\mu(R_T+P_R)][(\lambda_1-\theta\lambda_2)R_G-C_1+C_2]$
	tra$J$	$-R_F-C_P+\theta\lambda_2(R_F+\mu P_F)+\mu(R_T+P_R)-(\lambda_1-\theta\lambda_2)R_G+C_1-C_2$
(x_0,y_0)	det$J$	Δ
	tra$J$	0

为方便分析,对各均衡点的矩阵行列式和迹表达式做出以下设定,令:

$$A_1=R_F+C_P-\theta\lambda_2(R_F+\mu P_F)-\mu(R_T+P_R),$$

$$B_1=(1-\mu)(\lambda_1-\theta\lambda_2)R_G-C_1+C_2$$

$$A_2=R_F+C_P-\lambda_1(R_F+\mu P_F)-\mu(R_T+P_R),$$

$$B_2=(\lambda_1-\theta\lambda_2)R_G-C_1+C_2$$

则表 6.3 所示的矩阵行列式和迹表达式可以进一步简化,简化表达见表 6.4。

表 6.4 各均衡点 detJ 和迹 traJ 值简化表达

均衡点	矩阵行列式和迹表达式
$(0,0)$	$\det J = A_1 B_1$，$\operatorname{tra}J = A_1 + B_1$
$(0,1)$	$\det J = -A_2 B_1$，$\operatorname{tra}J = A_2 - B_1$
$(1,0)$	$\det J = -A_1 B_2$，$\operatorname{tra}J = -A_1 + B_2$
$(1,1)$	$\det J = A_2 B_2$，$\operatorname{tra}J = -A_2 - B_2$
(x_0, y_0)	$\det J = \dfrac{A_1 A_2 B_1 B_2}{\mu(\lambda_1 - \theta\lambda_2)^2 R_G (R_F + \mu P_F)}$，$\operatorname{tra}J = 0$

进而可以通过对 A_1，A_2，B_1，B_2 的不同取值，得到各均衡点的稳定性分析结果。表 6.5 为各均衡点的稳定性分析结果，列举了 A_1，A_2，B_1，B_2 所有可能的取值状态下，各均衡点的稳定性情况。为避免进一步讨论 x_0，y_0 的取值问题，表 6.5 中均衡点 (x_0, y_0) 的稳定性以鞍点处理，并在后续具体情境中进行具体分析。

表 6.5 各均衡点的稳定性分析结果参照

状态	项目	均衡点				
		$(0,0)$	$(0,1)$	$(1,0)$	$(1,1)$	(x_0, y_0)
$A_1>0,A_2>0$ $B_1>0,B_2>0$	$\det J$	$+$	$-$	$-$	$+$	
	$\operatorname{tra}J$	$+$	$?$	$?$	$-$	0
	结果	不稳定	鞍点	鞍点	ESS	鞍点
$A_1>0,A_2<0$ $B_1>0,B_2>0$	$\det J$	$+$	$+$			
	$\operatorname{tra}J$	$+$	$-$	$?$	$?$	0
	结果	不稳定	ESS	鞍点	鞍点	鞍点
$A_1<0,A_2>0$ $B_1>0,B_2>0$	$\det J$	$-$	$-$	$+$	$+$	
	$\operatorname{tra}J$	$?$	$?$	$+$	$-$	0
	结果	鞍点	鞍点	不稳定	ESS	鞍点

续表

状态	项目	均衡点				
		$(0,0)$	$(0,1)$	$(1,0)$	$(1,1)$	(x_0,y_0)
$A_1<0,A_2<0$ $B_1>0,B_2>0$	$\det J$	−	+	+	−	
	$\text{tra}J$	?	−	+	?	0
	结果	鞍点	ESS	不稳定	鞍点	鞍点
$A_1>0,A_2>0$ $B_1<0,B_2>0$	$\det J$	−	+	−	+	
	$\text{tra}J$	?	+	?	−	0
	结果	鞍点	不稳定	鞍点	ESS	鞍点
$A_1>0,A_2<0$ $B_1<0,B_2>0$	$\det J$	−	−	−	−	
	$\text{tra}J$	?	?	?	?	0
	结果	鞍点	鞍点	鞍点	鞍点	鞍点
$A_1<0,A_2>0$ $B_1<0,B_2>0$	$\det J$	+	+	+	+	
	$\text{tra}J$	−	+	+	−	0
	结果	ESS	不稳定	不稳定	ESS	鞍点
$A_1<0,A_2<0$ $B_1<0,B_2>0$	$\det J$	+	−	+	−	
	$\text{tra}J$	−	?	+	?	0
	结果	ESS	鞍点	不稳定	鞍点	鞍点
$A_1>0,A_2>0$ $B_1>0,B_2<0$	$\det J$	+	−	+	−	
	$\text{tra}J$	+	?	−	?	0
	结果	不稳定	鞍点	ESS	鞍点	鞍点
$A_1>0,A_2<0$ $B_1>0,B_2<0$	$\det J$	+	+	+	+	
	$\text{tra}J$	+	−	−	+	0
	结果	不稳定	ESS	ESS	不稳定	鞍点
$A_1<0,A_2>0$ $B_1>0,B_2<0$	$\det J$	−	−	−	−	
	$\text{tra}J$	?	?	?	?	0
	结果	鞍点	鞍点	鞍点	鞍点	鞍点

续表

状态	项目	均衡点				
		$(0,0)$	$(0,1)$	$(1,0)$	$(1,1)$	(x_0,y_0)
$A_1<0,A_2<0$ $B_1>0,B_2<0$	$\det J$	—	+	—	+	
	$\text{tra}J$	?	—	?	+	0
	结果	鞍点	ESS	鞍点	不稳定	鞍点
$A_1>0,A_2>0$ $B_1<0,B_2<0$	$\det J$	—	+	+		
	$\text{tra}J$	?	+	—	?	0
	结果	鞍点	不稳定	ESS	鞍点	鞍点
$A_1>0,A_2<0$ $B_1<0,B_2<0$	$\det J$	—	—	+	+	
	$\text{tra}J$	?	?	—	+	0
	结果	鞍点	鞍点	ESS	不稳定	鞍点
$A_1<0,A_2>0$ $B_1<0,B_2<0$	$\det J$	+	+	—	—	
	$\text{tra}J$	—	+	—	?	0
	结果	ESS	不稳定	鞍点	鞍点	鞍点
$A_1<0,A_2<0$ $B_1,<0,B_2<0$	$\det J$	+	—	—	+	
	$\text{tra}J$	—	?	?	+	0
	结果	ESS	鞍点	鞍点	不稳定	鞍点

注:? 表示符号不确定。

在对政府部门和平台企业的博弈行为和演化稳定策略进行进一步分析时,需要考虑不同的参数取值对博弈结果的影响。根据 5 个均衡点的矩阵行列式 $\det J$ 和迹 $\text{tra}J$ 表达式,进行以下设定,令

$$\psi=\frac{R_F+C_P-\mu(R_T+P_R)}{R_F+\mu P_F}$$

$$\alpha=\frac{C_1-C_2}{R_G},\beta=\frac{C_1-C_2}{(1-\mu)R_G}$$

其中,ψ 为互联网平台企业不进行假货治理时的收益损失比;$R_F+\mu P_F$ 为互联网平台企业不进行假货治理被政府部门查处(相对于未被查处时)时

145

的损失；$R_F + C_P - \mu(R_T + P_R)$为互联网平台企业不进行假货治理（相对于治理）时的超额收益。对平台与政府的博弈来说，政府采取平台监管策略时的监管成功率λ_1、政府采取间接监管策略时的总体监管成功率$\theta\lambda_2$以及ψ的取值关系决定了A_1和A_2的取值符号，即A_1和A_2的取值符号因λ_1，$\theta\lambda_2$，ψ的大小关系不同而存在六种情况：

$$\psi<\theta\lambda_2<\lambda_1, \psi<\lambda_1<\theta\lambda_2$$
$$\theta\lambda_2<\psi<\lambda_1, \lambda_1<\psi<\theta\lambda_2$$
$$\theta\lambda_2<\lambda_1<\psi, \lambda_1<\theta\lambda_2<\psi$$

同时政府采取两种监管方式的总体成功率之差$\lambda_1-\theta\lambda_2$与$\alpha$和$\beta$之间的取值关系决定了$B_1$和$B_2$的取值符号，$B_1$和$B_2$的取值符号同理也存在以下六种情况：

$$\lambda_1-\theta\lambda_2<\alpha<\beta, \lambda_1-\theta\lambda_2<\beta<\alpha$$
$$\alpha<\lambda_1-\theta\lambda_2<\beta, \beta<\lambda_1-\theta\lambda_2<\alpha$$
$$\alpha<\beta<\lambda_1-\theta\lambda_2, \beta<\alpha<\lambda_1-\theta\lambda_2$$

通过组合可以进一步推出，政府采取两种监管方式的成功率λ_1和$\theta\lambda_2$不同，以及采取两种监管方式的成本C_1和C_2不同的情况下，A_1，A_2，B_1，B_2的取值情况。经过逐个推算，将可能的组合及取值情况列表，详见表6.6。

表6.6　λ_1，$\theta\lambda_2$及C_1，C_2不同取值下A_1，A_2，B_1，B_2的取值情况

条件		A_1，A_2取值	条件		B_1，B_2取值
$\lambda_1>\theta\lambda_2$	$\psi<\theta\lambda_2<\lambda_1$	$A_1<0, A_2<0$	$C_1>C_2$	$\lambda_1-\theta\lambda_2<\min(\alpha,\beta)$	$B_1<0, B_2<0$
	$\theta\lambda_2<\psi<\lambda_1$	$A_1>0, A_2<0$		$\alpha<\lambda_1-\theta\lambda_2<\beta$	$B_1<0, B_2>0$
	$\theta\lambda_2<\lambda_1<\psi$	$A_1>0, A_2>0$		$\lambda_1-\theta\lambda_2>\max(\alpha,\beta)$	$B_1>0, B_2>0$
			$C_1<C_2$	$\lambda_1-\theta\lambda_2>\max(\alpha,\beta)$	$B_1>0, B_2>0$
$\lambda_1<\theta\lambda_2$	$\psi<\lambda_1<\theta\lambda_2$	$A_1<0, A_2<0$	$C_1>C_2$	$\lambda_1-\theta\lambda_2<\min(\alpha,\beta)$	$B_1<0, B_2<0$
	$\lambda_1<\psi<\theta\lambda_2$	$A_1<0, A_2>0$	$C_1>C_2$	$\lambda_1-\theta\lambda_2<\min(\alpha,\beta)$	$B_1<0, B_2<0$
				$\beta<\lambda_1-\theta\lambda_2<\alpha$	$B_1>0, B_2<0$
	$\lambda_1<\theta\lambda_2<\psi$	$A_1>0, A_2>0$		$\lambda_1-\theta\lambda_2>\max(\alpha,\beta)$	$B_1>0, B_2>0$

由表6.6可知，当各参数取值范围不同时，一共存在24种情况，涵盖16种不同的演化稳定策略。笔者在网络市场监管部门实地调研时发现，现阶段由于网络市场的跨地域性和网络交易的隐匿性，政府监管部门对商家售假行为的监管因管辖地域限制、技术限制存在取证难、监管成功率

低、监管成本高的情况。相比之下,将监管商家售假行为的任务转移给辖区内的网络平台,通过监管网络平台实现对商家售假行为的监管是政府提高监管成功率并降低监管成本的有效策略,因此在现阶段的实际情况下,$\lambda_1 > \theta\lambda_2$ 且 $C_1 < C_2$。考虑到现实情况以及为使分析具有现实意义,本部分以现阶段网络市场假货治理的客观现状"$\lambda_1 > \theta\lambda_2$,$C_1 < C_2$"作为平台与政府演化博弈的限定条件,分析该限定条件下平台与政府的博弈过程中可能存在的演化稳定策略情况。

由表6.6可知,在 $\lambda_1 > \theta\lambda_2$,$C_1 < C_2$ 条件下存在以下三种情形:

$\psi < \theta\lambda_2 < \lambda_1$ 且 $\lambda_1 - \theta\lambda_2 > \max(\alpha, \beta)$ 时,$A_1 < 0$,$A_2 < 0$,$B_1 > 0$,$B_2 > 0$

$\theta\lambda_2 < \psi < \lambda_1$ 且 $\lambda_1 - \theta\lambda_2 > \max(\alpha, \beta)$ 时,$A_1 > 0$,$A_2 < 0$,$B_1 > 0$,$B_2 > 0$

$\theta\lambda_2 < \lambda_1 < \psi$ 且 $\lambda_1 - \theta\lambda_2 > \max(\alpha, \beta)$ 时,$A_1 > 0$,$A_2 > 0$,$B_1 > 0$,$B_2 > 0$

下面参照表6.5的稳定策略情况,对以上三种情形进行具体分析。

第一,当 $\psi < \theta\lambda_2 < \lambda_1$ 且 $\lambda_1 - \theta\lambda_2 > \max(\alpha, \beta)$ 时,$A_1 < 0$,$A_2 < 0$,$B_1 > 0$,$B_2 > 0$,则 $\det J(x_0, y_0) > 0$,但在此情况下 $x_0 < 0$,$y_0 < 0$,即 $(x_0, y_0) \notin (0, 1)$,(x_0, y_0) 不是系统的均衡点,此种情况只存在四个均衡点。其中 $(0, 1)$ 是系统的局部渐进稳定点,$(1, 0)$ 是不稳定点,$(0, 0)$ 和 $(1, 1)$ 是两个鞍点。$(0, 1)$ 成为系统的演化稳定策略(ESS)(平台治理假货,政府监管平台)。这表明,在现阶段 $\lambda_1 > \theta\lambda_2$,$C_1 < C_2$ 的情况下,当互联网平台企业不进行假货治理时的收益损失比小于政府采取任意一种监管策略的监管成功率时,互联网平台企业群体会逐步选择进行假货治理,政府监管部门群体会逐步选择采取监管平台的方式进行电子商务交易市场的假货治理,即形成稳定的"平台—政府"双层治理模式,详见表6.7和图6.1。

表6.7 第一种情形下的稳定点分析

状态	项目	均衡点			
		(0,0)	(0,1)	(1,0)	(1,1)
$A_1 > 0$,$A_2 > 0$ $B_1 > 0$,$B_2 > 0$	$\det J$	−	+	+	−
	$\mathrm{tra}J$	?	−	+	?
	结果	鞍点	ESS	不稳定	鞍点

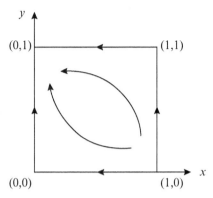

图 6.1　第一种情形下的复制动态相位

第二,当 $\theta\lambda_2<\psi<\lambda_1$ 且 $\lambda_1-\theta\lambda_2>\max(\alpha,\beta)$ 时,$A_1>0$,$A_2<0$,$B_1>0$,$B_2>0$,则 $\det J(x_0,y_0)<0$,但在此情况下 $x_0>0$,$y_0<0$,即 $(x_0,y_0)\notin(0,1)$,(x_0,y_0) 不是系统的均衡点,此种情况只存在四个均衡点。其中 $(0,1)$ 是系统的局部渐进稳定点,$(0,0)$ 是不稳定点,$(1,0)$ 和 $(1,1)$ 是两个鞍点。$(0,1)$ 成为系统的演化稳定策略(ESS)(平台治理假货,政府监管平台),这表明,在现阶段 $\lambda_1>\theta\lambda_2$,$C_1<C_2$ 的情况下,当互联网平台企业不进行假货治理时的收益损失比大于政府采取间接监管策略的监管成功率且小于政府采取平台监管策略的监管成功率时,互联网平台企业群体会逐步选择进行假货治理,政府监管部门群体会逐步选择采取监管平台的方式进行电子商务交易市场的假货治理,即形成稳定的"平台—政府"双层治理模式,详见表 6.8 和图 6.2。

表 6.8　第二种情形下的稳定点分析

状态	项目	均衡点			
		$(0,0)$	$(0,1)$	$(1,0)$	$(1,1)$
$A_1>0,A_2>0$ $B_1>0,B_2>0$	$\det J$	＋	＋	－	－
	$\mathrm{tra}J$	＋	－	?	?
	结果	不稳定	ESS	鞍点	鞍点

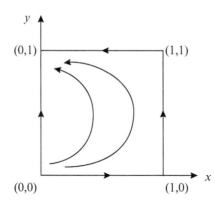

图 6.2　第二种情形下的复制动态相位

第三,当 $\theta\lambda_2 < \lambda_1 < \psi$ 且 $\lambda_1 - \theta\lambda_2 > \max(\alpha,\beta)$ 时,$A_1 > 0$,$A_2 > 0$,$B_1 > 0$,$B_2 > 0$,则 $\det J(x_0,y_0) > 0$,但在此情况下 $x_0 > 0$,$y_0 < 0$,即 $(x_0,y_0) \notin (0,1)$,(x_0,y_0) 不是系统的均衡点,此种情况只存在四个均衡点。其中 $(1,1)$ 是系统的局部渐进稳定点,$(0,0)$ 是不稳定点,$(0,1)$ 和 $(1,0)$ 是两个鞍点。$(1,1)$ 成为系统的演化稳定策略(ESS)(平台不治理假货,政府监管平台),这表明,在现阶段 $\lambda_1 > \theta\lambda_2$,$C_1 < C_2$ 的情况下,当互联网平台企业不进行假货治理时的收益损失比大于政府采取任意一种监管策略的监管成功率时,互联网平台企业群体会逐步选择不进行假货治理,政府监管部门群体会逐步选择采取监管平台的方式进行电子商务交易市场的假货治理,即政府的监管处于无效状态,电子商务交易市场中的平台商家售假行为得不到任何有效的治理,详见表 6.9 和图 6.3。

表 6.9　第三种情形下的稳定点分析

状态	项目	均衡点			
		(0,0)	(0,1)	(1,0)	(1,1)
$A_1 > 0$,$A_2 > 0$ $B_1 > 0$,$B_2 > 0$	$\det J$	+	−	−	+
	$\mathrm{tra}J$	+	?	?	−
	结果	不稳定	鞍点	鞍点	ESS

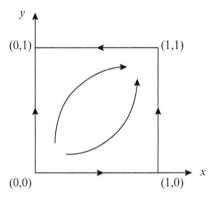

图6.3　第三种情形下的复制动态相位

第三节　博弈动态的数值仿真与分析

为了更清楚直观地展现以上三种可能存在的情形,进一步分析论证网络平台与政府部门演化博弈模型及其结果的有效性,本部分将运用Matlab软件对博弈模型进行数值仿真研究。

根据上文的分析,在现阶段的实际情形下($\lambda_1 > \theta\lambda_2$且$C_1 < C_2$),三种情形的不同取决于$\psi, \lambda_1, \theta\lambda_2$的取值。设$\lambda_1 = 0.8, \lambda_2 = 0.5, \theta = 0.8, \mu = 0.6, C_1 = 1, C_2 = 3$,同时由于在模型假设中平台的治理成本$C_P$与治理成功率$\mu$成正比,因此设$C_P = 5\mu$,在此基础上对三种情形展开仿真分析。

第一,令$R_F = 2, C_P = 3, R_T = 2, P_R = 3, P_F = 10, R_G = 2$,则$\psi, \lambda_1, \theta\lambda_2$的取值关系满足$\psi < \theta\lambda_2 < \lambda_1$,仿真结果如图6.4所示。由图6.4可知,当互联网平台企业不进行假货治理的收益损失比小于政府采取任意监管策略的总体成功率时,即平台企业在不进行假货治理时获得的收益与其遭受的惩罚、声誉等损失相比较小时,互联网平台企业群体会逐渐倾向于选择治理策略,而政府在现阶段进行平台治理成本较低、成功率较高的情况下,自然会选择平台治理策略。在这种情况下,平台与政府的博弈结果是双方形成稳定的"平台—政府"双层治理结构,能够对平台型网络市场中

150

商家售假的现象进行一定程度的控制,防止电子商务交易市场假货泛滥导致市场失灵现象发生,从某种程度上可以说是在现实条件制约下,能够实现网络交易市场中售假现象的有效治理。

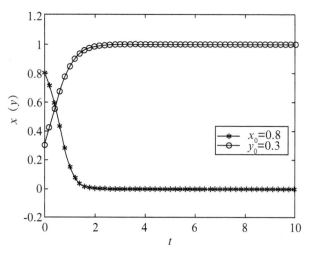

图 6.4 第一种情形的演化过程仿真

第二,令 $R_F=3$, $C_P=3$, $R_T=2$, $P_R=3$, $P_F=5$, $R_G=2$,则 ψ, λ_1, $\theta\lambda_2$ 的取值关系满足 $\theta\lambda_2 < \psi < \lambda_1$,仿真结果如图 6.5 所示。由图 6.5 可知,当互联网平台企业不进行假货治理的收益损失比大于政府采取间接监管策略的总体成功率但小于政府采取平台监管策略的成功率时,互联网平台企业群体会逐渐倾向于选择假货治理策略,政府同第一种情形一样依然会选择平台治理策略。在这种情况下,平台与政府的博弈结果与第一种情形相同,最终双方都会形成稳定的"平台—政府"双层治理结构。第一种情形与第二种情形的不同之处在于,在后者的演化过程中,网络平台选择假货治理策略的倾向先是经历了一个缓慢增加的过程,然后进入快速增加阶段,最终达到选择假货治理策略的演化稳定均衡。

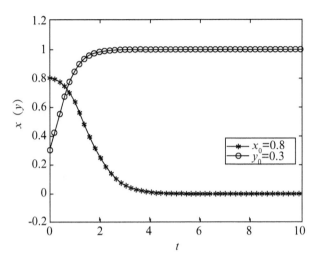

图 6.5 第二种情形的演化过程仿真

第三,令$R_F=3$,$C_P=3$,$R_T=1$,$P_R=2$,$P_F=3$,$R_G=2$,则 ψ,λ_1,$\theta\lambda_2$的取值关系满足 $\theta\lambda_2<\lambda_1<\psi$,仿真结果如图 6.6 所示。由图 6.6 可知,当互联网平台企业不进行假货治理的收益损失比小于政府采取任意一种监管策略的总体成功率时,互联网平台企业群体会逐渐倾向于选择不进行假货治理的策略,在这种情况下,虽然政府依然会选择平台监管的治理策略,但由于平台不治理假货而产生的损失相对于治理假货所付出的成本处于较低水平,平台在理性决策下仍然会倾向于不进行假货治理。这时无论是平台还是政府,对电子商务交易市场中售假现象的治理实际上都是无效的,市场中假货泛滥的现象将会较为突出。但在现实情况中,R_F,P_R并非恒定不变,假货泛滥对市场环境的恶劣影响将不断加重,对平台声誉的负面影响也会越来越大,网络平台不进行假货治理获得的收益R_F将越来越小,同时声誉损毁造成的损失P_R会越来越大,从而倒逼互联网平台对平台商家售假进行治理。

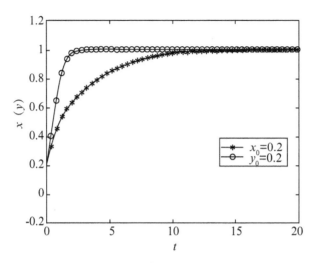

图 6.6　第三种情形的演化过程仿真

在对因 ψ, λ_1, $\theta\lambda_2$ 取值不同可能出现的三种情形进行数值仿真后,接下来进一步分析网络平台进行假货治理的治理效率 μ 与消费者的举报概率 θ 对演化博弈过程的影响。

令 $\lambda_1=0.8$, $\lambda_2=0.5$, $C_1=1$, $C_2=3$, $\mu=0.6$, $R_F=3$, $C_P=3$, $R_T=2$, $P_R=3$, $P_F=5$, $R_G=2$,此时 $\theta\lambda_2<\psi<\lambda_1$,分析此情况下 θ 的取值对演化博弈过程的影响。图 6.7 为当 θ 分别为 0.8、0.6、0.4 时的演化过程仿真结果。由仿真结果可知,当消费者的举报概率降低时,政府接到举报进而对售假现象进行查处并对平台进行处罚的概率就会降低,互联网平台企业倾向于采取假货治理策略的转变速度就会变慢,同时,政府倾向于采取平台治理策略的转变速度则会变快。消费者举报概率 θ 的变化不会直接影响平台与政府演化博弈的结果,而是通过改变博弈双方的策略演化速度间接影响演化博弈过程。

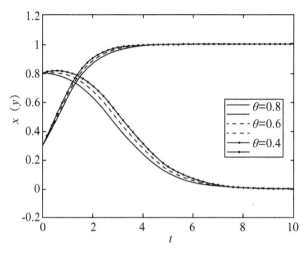

图 6.7　θ 取值对演化过程的影响

令 $\lambda_1=0.8,\lambda_2=0.5,C_1=1,C_2=3,C_P=5\mu,R_F=3,C_P=3,R_T=2,$ $P_R=3,P_F=5,R_G=2$，此时 $\psi,\lambda_1,\theta\lambda_2$ 的取值不能确定，分析此情况下 μ 的取值对演化博弈过程的影响。图 6.8 为当 μ 分别为 0.6、0.4、0.2 和 0.1时的演化仿真结果。由仿真结果可知，当平台进行假货治理的治理效率较高时，网络平台群体将更加快速地向采取假货治理策略演化，μ 越低，网络平台向采取假货治理策略演化的速度就越慢，当 μ 低于某个阈值，使 $\psi>\lambda_1$ 时，网络平台的演化稳定策略将从进行假货治理转变为不进行假货治理。与此同时，μ 的取值对政府的演化稳定策略及演化过程几乎没有影响。

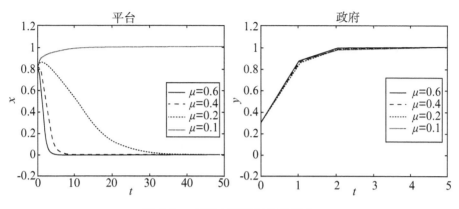

图 6.8　μ 取值对演化过程的影响

综合以上数值仿真结果,可以对"平台—政府"双层治理模式的稳定性进行一个总体性的分析。在现阶段的网络空间特性、网络市场环境、技术条件等现实因素的制约下,政府监管部门倾向于采取平台监管策略来治理网络市场中的售假行为,而网络平台是否能够形成进行假货治理的演化稳定策略、与政府合作形成网络市场假货治理的"平台—政府"双层治理模式,则取决于平台进行假货治理的收益和损失情况。在现阶段,为防止平台与政府间形成(平台不治理假货,政府监管平台)的无效治理状态,可以采取的措施包括:在平台不治理售假行为并被查处时,提高对平台的惩罚力度;通过引导消费者积极举报假冒伪劣产品来提高平台因声誉受损而遭受的损失;对积极开展假货治理的平台进行正向激励以提升其治理收益和治理积极性;通过大数据等现代技术的革新降低平台达成单位治理效率所需的成本等。

第四节　平台与政府博弈的现实情境讨论

上述针对电子商务平台假货治理的演化博弈分析,利用简化的市场监管模型为第五章平台与政府主观意义上的策略选择分析做了理性客观

平台与政府

意义上的补充,对更深入地剖析网络市场"平台—政府"双层治理模式的形成具有参考意义。同时,我们也应认识到,在现实情境中,网络平台与政府面对的环境和影响其策略选择的因素要复杂得多,平台在与政府进行合作治理之外还有着更为复杂的博弈过程和变通的博弈策略,以笔者在调研过程中的发现为例,包括但不限于:

第一,对政府发包的治理任务进行分类和分解,对平台有利的部分治理任务,开展大力治理;对平台相对不利的部分治理任务,采取消极治理的方式,在配合政府治理的同时尽可能维护平台自身的利益。例如,在面对网络市场违法犯罪的治理任务时,电子商务平台往往更倾向于对给自身商业生态带来较大影响的炒信行为进行大力、严格的规制,在与政府协作中也积极提供技术方案、案件线索,表现出较大的主动性,在对参与炒信个人和商家的平台规制上也表现出近乎零容忍的治理态度。但在面对平台整体影响较小的商家售假现象时,则采取相对温和的治理方式,在监管力度上"适可而止",以实现完成治理任务和维护自身利益的目标均衡,毕竟对平台而言,宽松的售假治理环境某种意义上可以视为能够吸收更多商家入驻的平台竞争优势。

第二,发挥舆论和游说的作用,以减轻平台自身承担的治理责任。目前超级网络平台的经济体量和权力规模都远远超越传统市场中的大企业集团,能够在经济、社会和政治领域产生较大的影响力。它们有能力通过多种渠道对社会舆论产生引导作用,甚至作为利益集团对政府立法进行游说。例如,自2021年起,美国参众两院开始酝酿对互联网巨头进行反垄断立法,谷歌、苹果、亚马逊等科技巨头每年耗费高额资金,通过向政界人士捐赠、组织贸易团体和专业学者引导舆论等方式进行反对立法的游说。经过2年花费约1亿美元的代价,这一旨在约束美国最大规模科技公司的两党立法努力宣告失败。

第三,以进行平台治理为契机,向政府争取更多资源。以电子商务平台所承担的资质审查任务为例,平台主张要实现有效的资质审查需政府进行企业信息数据系统的接口开放,在此策略主张下,政府若不进行数据开放,网络平台便有了规避更多治理责任的合理诉求;政府若进行数据开放,则政府数据将会为平台企业带来巨大的经济价值。同时,平台企业则能够以保护商业机密和客户隐私为由拒绝向政府开放数据,从而在维护平台利益的同时向政府争取更多资源。

现实情境中,网络平台和政府监管部门围绕平台型网络市场治理的博弈多样而复杂,对"平台—政府"双层治理模式运作机理的剖析还需进行更加深入的研究,以及进一步探讨如何形成平台与政府共生演化的网络市场良性治理生态,实现网络市场的有效治理。

第七章 "平台—政府"双层治理模式：
现实意义与改进路径

第一节 "平台—政府"双层治理模式的现实意义

　　信息技术与网络经济的革新与发展必将促使我国社会法律体系和治理体系的有机更新，网络市场治理是社会治理体系更新中的必经环节。当网络市场治理新形势与传统市场治理的既有体系间发生碰撞与摩擦时，作为网络市场治理的主要二元主体，政府市场监管部门一直在积极寻求网络市场治理的破解进路，互联网平台企业也出于自身发展需要在基础环境建构上发挥了市场治理的积极作用。两者在实践与探索中形成了"平台—政府"双层治理模式，对探索网络市场乃至网络社会的有效治理进路具有重要作用和积极意义。

　　第一，"平台—政府"双层治理模式为既有条件约束下的网络市场治理提供了创新思路与可行方式。互联网经济的暴涨式发展使网络市场治理面临着市场治理需求快速增长和制度建构严重滞后的矛盾，在网络经济发展为社会治理体系的结构性变革提出更高要求的情境下，传统市场以政府为中心的治理主体由于科层体系的刚性约束难以在短时间内达成适应网络市场治理需求的适应性变革。在此情境下，网络平台适时出现并发挥了对网络市场治理中政府缺位的弥补和部分替代作用，使网络市场治理特别是社会性规制的治理功能得到一定程度的保障。在"平台—政府"双层治理模式中,政府一方面积极通过推动地方规章试点、法律法规顶层设计等途径,力图在有限的能动框架内调和网络市场无界性与政府治理属地性的矛盾;另一方面也充分接纳网络平台这样的信息技术主体对网络市场治理的优势作用,包容性地寻求利用互联网以及数据技术为市场监管带来的极大便利。网络平台在承接政府发包的治理任务,对自身平台型网络市场进行规制的同时,也获得了平台生态的有机更新与宏观调控过程中政府的政策支持。总的来说,尽管"平台—政府"双层治理模式仍存在着较为浓厚的传统政府行政指令色彩,但仍然为现行结构和资源约束下的网络市场治理提供了创新的思路和相对有效的可行路径。

第二,"平台—政府"双层治理模式为网络社会治理提供了市场领域的先导经验。作为表象的信息技术的迅猛发展、互联网应用的全面繁荣和人们对互联网的日益依赖沉淀于社会之中的结果,便是一个以网络应用为基本特征、与现实社会既相互独立又相互塑造的网络社会正在形成(熊光清,2017)。市场领域作为广义社会的组成部分,率先受到了新技术与新经济活动形态的冲击,并在这种急切的冲击下不断探索既有条件下相对有效的治理方式。而在互联网影响深远的社会生活领域,互联网的发展与应用极大地改变了社会交往形态,现实社会与虚拟社会身份的融合、治理结构的对接、公域与私域的分野等问题不断凸显,网络市场治理的先导经验能够为网络社会治理提供一些借鉴与参考。一方面,网络平台作为应互联网而生的庞大经济体,不仅在网络市场的经济活动中扮演着重要角色,其力量和活动也深入网络社会的方方面面,网络平台同样有在网络社会秩序治理中发挥极大作用的空间;另一方面,网络市场治理中政府与平台的合作也为未来网络社会治理中政府与社会力量的多元共治提供了实现进路的参考,"政府—平台"双层治理模式所体现的多元治理、分层治理以及参与、共享的治理理念为网络社会治理的路径探索提供了现实参照。

第三,"平台—政府"双层治理模式对我国网络公共领域的形成起到了助推作用。一直以来,我国传统公共领域的发展进程相对缓慢,互联网的快速发展为我国网络公共领域的迅速崛起提供了契机(陆宇峰,2014)。在哈贝马斯对公共领域的描述中,"作为私人的人们来到一起,他们在理性辩论的基础上就普遍利益达成共识,从而对国家活动进行民主的控制"(哈贝马斯,1999),而互联网带来的媒介的延伸和交往的拓展为网络公共领域赋予了新的行动场域,为现代社会以倡导、争辩或抵抗为特征的网络集体行动提供了发育空间;网络集体行动的实践进而对社会微观层面的个体交往、中观层面的群体表达和宏观层面的社会分化起到形塑作用(王迪,2016)。在"平台—政府"双层治理模式中,平台治理过程为网络集体行动提供了多样化的空间与可能性,无论是社会公众对平台治理责任的期待和要求,还是网络平台卖家的自组织秩序治理和规则抗议,网络市场的平台治理为公共领域的形成和发展提供了发育土壤与行动空间;同时政府在治理过程中与平台的合作和对平台的监管也避免了网络集体行动异化和失控的风险。"政府—平台"双层治理模式中的网络集体行动与自组织秩序治理现象,为我国网络公共领域的形成起到了助推作用。

第二节　网络市场有效治理的建构路径

尽管"平台—政府"双层治理模式在现行制度环境下对网络市场的秩序治理起到了一定程度的积极作用,但在前文的分析中我们也发现,"平台—政府"双层治理模式并非网络市场治理的完美选择,双方合作治理的达成并非以激励相容为前提,仍然面临着治理结构难以匹配网络市场特征的问题,政府—平台—用户的治理结构中不可避免地存在基于委托—代理关系的信息不对称等问题。未来网络市场有效治理导向下的治理模式改进路径,应立足中国的网络市场治理情境,从政府治理转型、政企协同演进以及平台权力法治等角度,探索网络市场乃至网络社会有效治理的建构路径。

一、治理思维:从线下治理走向线上治理

我国政府适应传统社会和市场治理所采用的中心化、科层式的权力组织形式和治理体系在从传统市场治理向网络市场治理转变的过程中遭遇了权力行使的适配性问题,面对网络交易活动的时空分离和行政权力的刚性映射,政府管理部门尚未就此形成有效的职责分担机制和部门间协调机制,这是网络市场治理遭遇诸多困境的原因之一。如何构建适应网络市场特征的治理体系,实现政府治理从线下思维到线上思维的转变,达成消费者线上生活同线下生活的完美衔接,推动网络市场与传统市场的和谐一致发展,是现代政府治理体系转型的方向。

(一)政府治理体系的网络化延伸

互联网潮流兴起以来,我国政府在将信息技术应用到政府管理服务上做了许多努力,从以在网络上发布政策文件和办事规章为核心的政府网上信息公开,到开通网络行政办事渠道、建设网络政民互动平台的电子政务建设,对改善政民关系体验、提升政府回应性、促进行政事务流程优化起到了重要作用。但政府治理体系的网络化延伸与数字化转型,不能局限于运用信息技术和网络媒介提升传统政府服务的效率和便捷度这一框架内,而是应从网络社会和市场本身存在的问题出发,针对性地解决伴随网络市场而生的与传统市场截然不同的新问题,并对网络市场和传统市场中同时存在的问题进行协调一致的解决,使"政府服务基于网络市场需求、政府职能面向网络市场治理、政府辖区辐射网络市场空间,具备工作对象的跨区域性、工作内容的网络相关性、工作方式的信息技术依赖性特征,作用于发现线上问题、探寻解决方案、进行有益尝试、推动立法进程的各个环节"(陈国权等,2017)。

(二)探索构建有中国特色的纵向秩序协调机制与横向网络市场治理机制

网络市场既产生自现实市场活动在网络空间上的映射,也在网络空

间的独特性下进行着市场关系的重组和再生产;既部分遵从传统市场的运行规则,又在技术优势和空间无限性下创设出许多新的规则。因此政府在面对网络市场治理的转型过程中,应建立起线上—线下的纵向秩序协调机制,使线下市场活动的线上应用在遵循传统市场规则的同时具备网络的灵活性,使线上市场活动的线下环节在展现网络特性的同时符合传统市场的运行规则。与此同时,在扁平化的网络市场无法依赖纵向的层级制管理体制的情形下,如何适应当前网络空间分化的客观情境,发展出有中国特色的横向网络市场治理机制,就显得尤为重要。网络市场治理机制的"中国特色"体现在网络市场治理的议程设置要符合国家体制的议事框架,网络市场治理的规则制定要符合国家的宪法精神,网络市场的治理程度要立足于中国社会的现实情境,进而利用网络空间的多中心、扁平化特征,实行网络市场的横向治理、分类治理。

二、合作方式:从压力治理走向协同治理

随着网络社会的进步与社会治理理论的发展,多中心治理理论、网络化治理理论、新公共服务理论等理论范式被广泛应用于社会治理创新之中,其中"多中心、多层级、多维度"(吕本富,2012)以及"参与型、弹性化和服务型"(段忠贤,2012)等治理思想被认为是网络社会及市场治理应遵循的治理逻辑。相比目前网络市场治理中普遍存在的压力型治理现象,如何激发非政府主体参与治理的积极性,发挥多元主体参与治理的优越性,保障各治理主体的合法权益,成为网络市场治理需进一步探索的治理进路,以完善的法律保障、主体间的治理协同以及市场机制和公共理性的推动,实现网络市场的协同治理。

(一)建构完善的网络市场法律治理体系

在《电子商务法》颁布之前,对网络经济活动的法律规范大多是通过对既有法律进行修订、增添相应条目的方式进行的,并且存在着以部门规章为主、法律效力等级低、法律法规间冲突性强、地区间不一致性强等问题。《电子商务法》的颁布施行在一定程度上改善了这一状况,为网络市

场电子商务交易领域提供了上位法的行为准则,但网络市场的有效治理仍需要更为全面和完善的法律保障体系建构。分类治理是网络市场法律体系建构中的一个可行思路,即根据治理内容的性质来选择是在既有法律规则的基础上进行调整,还是针对网络市场全新型态进行法律建构,并且在网络治理工具的选择上实现硬法之治和软法之治的灵活运用。(秦前红等,2014)。

(二)推进多元主体的治理协同

普遍的研究认为,网络治理与传统的行政控制存在的最大差别,就是网络治理是由政府、私营部门、第三部门及公民个体等众多行动主体合作开展的治理,众多治理主体之间分享公共权力,同时也共同管理公共事务(张康之等,2010),因而"协同治理"成为学界对网络社会及市场治理理想模式的共识(Wilson,2005;何哲,2015;张峰,2014;陈潭等,2016)。目前的网络市场治理中,一方面是政府与网络平台的协同作用,从由政府到平台的单向的任务派发转向政府行政资源与平台技术资源的双向供给,构建规范有效的治理权力授权机制、信息资源共享机制与平台治理激励机制,在平台型网络市场治理中形成政府与网络平台的强强联合;另一方面是发挥行业的自律作用,将网络市场的自治体系由一个个平台的孤军奋战转变为整个行业的整体性治理,形成以行业门槛倒逼卖方用户自我约束的自律机制。

(三)发挥市场机制的推动作用和公共理性建构作用

相关研究曾指出,自由市场的经济发展趋势将对网络法治化提出需求,而基于经济基础上的政治博弈则可以推动网络法治化的进程,网络市场中消费者的"用脚投票"可以迫使治理部门不得不重视网络民意的决定性作用而在很大程度上抑制权力的滥用(林群丰,2015);良性健康的市场机制有助于推动网络市场治理的法治化进程。同时,网络市场的秩序失范在某种程度上也可以说是理性缺失所致(黄惟勤,2010),而公共理性的建构对网络市场的法治化形成具有重要作用。与现实社会同理,网络社会及网络市场也应当具备承认基本价值并接受规范约束的公共理性(韩震,1998;罗尔斯,2011),以公众理性的培育为公共理性的建构基础,辅以制度化的建构平台,逐步推进公民理性与政府理性的和谐相容,从而推动网络市场治理的法治化进程。

三、控权逻辑:从"野蛮生长"走向权力法治

在网络经济快速兴起而网络市场治理体系尚未相应形成的阶段,网络平台经历了一段"破坏性创新"下的"野蛮生长"时期,这一时期为我国网络经济的发展提供了自由宽松的环境和先发机遇,塑造了跻身世界前列的超级网络平台。但在网络平台的"野蛮生长"之后,人们不得不对超级网络平台背后的权力集中问题感到担忧。一方面,如何实现超级网络平台的有效权力控制是现行权力监督体系面临的难题。在地方发展主义导向下,地方政府出于效率优先和发展地方经济优先的惯性思维,以及由此而引发的政企合谋、地方保护主义可能性的存在(陈国权等,2016),使平台与政府的合作治理存在因政企合谋和权力滥用而导致的市场规制失效和经济运行效率损失的风险。另一方面,网络平台特别是超级网络平台,往往集购物、金融、出行等多项业务于一体,覆盖人们日常生活的方方面面,甚至有说法称,在中国,任何一家创业成功的互联网企业背后都能找到 BAT 三大超级网络平台的身影,超级网络平台不仅仅是经济寡头,同时还是技术寡头、数据寡头。芒福德将信息技术和网络空间称为"集权主义的巨机器",马尔库塞认为技术的合理性转变为统治的合理性,成为新的统治形式,形成新的集权主义社会,这些观点都显示出资本、技术和数据一体化拥有者的集权化倾向。此外,大数据技术及其算法在权力运行的主客体交互性、隐匿性特征面前,不免让人担心人类是否能对这些技术权力实现完全的控制,由于算法经常以隐匿的方式嵌入对象和系统中,因此很大程度上可能只有在错误或失败时才被注意到(Kitchin et al.,2011),当人类本身存在的公共困境在大数据权力的运用中被隐藏、放大、激化时,数据操纵、数据暴力、数据恐慌等权力滥用问题(Pasquale,2015),数据孤岛、数据鸿沟、数据歧视等民主问题,以及人工智能、机器替代等伦理问题(Sparrow et al.,2011)就会浮出水面,引发人们对数据"新

利维坦"的忧虑和反思(徐湘林,2010;Boyd et al.,2012)。

因此从网络市场有效治理的角度,还需关注互联网平台企业的权力集中问题。网络平台的权力滥用是许多网络市场失序问题的根源,在此情境下,将对公权力体系的法治化实践和经验运用到网络平台"数据寡头"的权力约束中,将权力法治精神内化到网络平台的经营运作过程中,是遏制平台权力过分集中、为消费者提供完善的制度保障、实现网络市场治理法治化和现代化的有效途径。

(一)构建平台权力的制约与监督体系

制约与监督是进行权力控制的两种主要逻辑(陈国权等,2013),除了建构基于政府、社会组织、行业协会、消费者等监督主体的外部监督机制外,构建网络平台之间、网络平台企业内部的权力制约机制也十分重要。监督模式在权力的横向功能性控权上发挥的余地有限,而制约与监督的平衡可以使权力主体间建立起双向的约束关系,形成权力之间的相互制约和彼此钳制,有效遏制权力异化的倾向,以防止网络平台的权力专断与权力滥用。

(二)实行良法治理、多元治理和分类治理

分权与控权是古往今来处理权力集中问题的核心思想,良法治理不仅需建立法学意义上统一、协调、完备的网络市场活动法律体系,还应遵循控权的内在逻辑,通过权力的内在分解和制约关系实现权力的控制(周永坤,2005)。多元治理的内在机制是通过多元主体对市场权力的分享和制衡来实现对寡头权力的制约,对市场权力的分解遏制了寡头权力的专断和滥用,而公共理性能进一步构筑起网络平台权力行使的边界。分类治理的内涵在于依据不同权力的不同价值导向匹配适当的治理策略和控权模式,例如对于涉及消费者生命财产安全和隐私权的处理应尤为慎重,实现不同控权模式的灵活运用。良法治理、多元治理和分类治理为网络市场日益复杂的治理情境提供了更加科学的治理策略选择和更为有效的集权风险控制体系。

第八章 结论与展望

第一节 研究结论与启示

无论是网络经济的快速发展，还是网络市场治理问题的层出不穷，如滚雪球般规模愈来愈大的超级网络平台无疑都在其中扮演着重要角色。本书从目前我国网络市场治理特别是网络市场活动相关的社会性规制中存在的政府与网络平台共治的现象出发，通过构建"平台—政府"双层治理模式的分析框架，从权力结构和策略逻辑两个层面的视角出发对"平台—政府"双层治理模式的形成机制进行了论述，并对其治理结构的稳定性进行了分析，主要研究结论如下。

第一，"平台—政府"双层治理模式的实质可以说是一种政府与互联网平台企业间关于网络市场治理的发包治理方式。具体而言，平台经济的演化特性和平台自我治理的机制创新使平台以其数据优势、技术优势、效率优势和集成优势从众多网络经济主体中脱颖而出，网络市场治理逐渐形成以政府规制平台、平台规制用户的双层治理结构为核心的运作机制，具体包含了政府层面的任务发包，平台层面的规则生产、规则更新以及规则上升，用户层面的自组织秩序管理和规则抗议等运作环节。在"平台—政府"双层治理模式中，网络平台在一定程度上承担了政府所转移的与市场规制相关的部分公共职能，同时又与政府之间存在较弱的行政联系和依附关系。弱依附关系、无政府补贴以及负向激励的发包特征，是形

166

塑政府与互联网平台企业间关系的重要因素,也是影响"平台—政府"双层治理模式的形成和稳定性的关键所在。

第二,"平台—政府"双层治理模式的形成有赖于网络市场权力格局重构下平台权力扩张的权力基础,以及运作过程中平台与政府之间的合作策略相容。在权力结构层面上,权力的"映射—衍生—转移"所代表的网络市场形成过程中权力的场域转换、形态生产和分配重构形塑了网络市场的权力格局。正是在这一权力变化过程之中,网络平台成为网络市场中的权力精英,以其对市场资源和权力掌握力度的提升和相应政府在网络市场中控制权力的减弱与规制权力的进入困难,缩小了与政府权力之间的"权力势差"。权力格局的变化带来的政府对平台治理的依赖以及平台准公共权力的获取,为平台与政府的共治提供了权力基础。在策略逻辑层面,对政府来说,出于成本转移的需求,规避市场问题衍生政治风险的风险压力,以及信息不对称方向扭转情势下政府对市场有效治理的希冀,都能够触发政府将治理任务发包给相应的互联网平台企业、寻求网络平台合作治理的策略选择。对互联网平台企业来说,由政府对平台企业治理诉求转化而来的压力机制,企业维持竞争优势和长远利益的声誉机制,以及基于网络平台公共性和社会责任承担的责任机制,成为触发互联网平台企业承担网络市场规制任务的策略选择。权力基础与策略逻辑这一从结构到过程、从"有能力"到"有意愿"的分析过程,阐释了"平台—政府"双层治理模式的形成机理。

第三,"平台—政府"双层治理模式的稳定性受平台与政府双方的治理成本、治理效率等多重因素的影响。通过建立网络平台与政府监管部门在对待电子商务平台商家售假行为的不同监管策略下的博弈模型,对有限理性假设下的平台与政府群体行为进行演化博弈分析,得到当下网络市场治理中"平台—政府"双层治理模式的稳定性分析结果。具体而言,在政府采取对平台进行监管、将治理任务转移给平台的监管策略所需成本较小、监管成功率较高的现实前提下,只要互联网平台企业不进行假货治理时的收益损失比处在一定范围之内,则政府与平台最终将形成"平台—政府"双层治理的稳定策略,而当平台企业的这一受益损失比超过这一阈值之后，双方最终会形成政府监管平台但平台不进行假货治理的市场无效治理状态；此外消费者举报概率的变化不会对双方演化博弈的结果产生影响，只是改变了双方博弈的演化速度，而网络平台的治理效率则对平台的博弈策略选择具有较大的影响。

第二节　研究展望

本书基于网络市场治理中存在的平台与政府共治现象，提出网络市场治理的"平台—政府"双层治理模式，并对该治理模式的形成机理与演化机制做了剖析。尽管如此，由于诸多原因，本项研究还存在许多不足，有待在下一阶段研究中进一步修正和完善。总体而言，本研究还需在以下方面做进一步的努力。

第一，对网络市场治理中政企合作机制的剖析，还需更为深入的参与式观察。对涉及政企关系及治理逻辑的研究有赖于对事实的充分了解，本研究对网络市场治理相关的市场监管部门和网络平台进行了多次调研，获取了许多有价值的信息和资料。但是，一方面，调研次数有限，难以参与式观察到政府与平台企业合作共治的长期过程，获得的信息相对而言是片段的、零散的，难以形成完整、连贯的事件过程；另一方面，作为企业主体，互联网平台企业对涉及政府的议题比较敏感，往往避而不谈，导致事实资料的收集比较困难。下一步研究工作中，需要对调研和观察的渠道进行进一步拓展，例如与互联网平台企业联合开展研究、助力平台型网络市场有效治理等，以获取更为翔实的研究素材。

第二，对"平台—政府"双层治理模式的演化分析，还可以进一步挖掘更为科学有效的研究工具。本书引入了演化博弈论，通过构建平台企业与政府间的演化博弈模型，对不同情况下平台与政府的治理选择和"平台—政府"双层治理模式的稳定性进行了分析。但是演化博弈模型的构建是建立在对现实复杂情况的抽象简化和合理假设基础上的，下一步研究工作中可以将更多影响因素纳入模型的考察范围。此外，除了演化博弈模型之外,还可以尝试将用于企业集群演化研究的共生演化模型运用到对网络市场治理结构演化的研究中,构建网络平台与政府合作共治的共生演化模型,寻求网络市场治理中政府与平台企业共生演化的可行机制。

第三,对于如何构建网络市场有效治理的政企协同机制,还需更加完善和可行的实现路径。本书对"平台—政府"双层治理模式的形成机理进行了研究分析,指出了构建政府与平台企业的协同治理机制是网络市场有效治理的发展方向,也对如何实现有效治理进行了概要性的论述,但是并没能为政企协同治理机制的构建提供一份具备可操作性的行动指南。在未来研究中,需重点就如何构建政府与网络平台协同治理机制以实现网络市场的有效治理开展更为精细和深入的研究,以提供具备现实性、可操作性的政策建议。

参考文献

[1] 布莱恩约弗森,麦卡菲,2014.第二次机器革命:数字化技术将如何改变我们的经济与社会[M].蒋永军,译.北京:中信出版社.

[2] 贝尔纳谢克,摩根,2017.谁动了你的数据:数据巨头们如何掏空你的钱包[M].数据文摘翻译组,译.北京:中国人民大学出版社.

[3] 布劳,梅耶,2001.现代社会中的科层制[M].北京:学林出版社.

[4] 蔡礼强,2011.政府向民间组织购买公共服务研究报告[C]//黄晓勇.中国民间组织报告(2010—2011).北京:社会科学文献出版社.

[5] 蔡宁,贺锦江,王节祥,2017."互联网+"背景下的制度压力与企业创业战略选择——基于滴滴出行平台的案例研究[J].中国工业经济(3):174-192.

[6] 蔡文之,2007.国外网络社会研究的新突破——观点评述及对中国的借鉴[J].社会科学(11):96-103.

[7] 蔡志强,2015.论网络治理中的空间权力建构[J].领导科学(11):17-19.

[8] 曹霞,邢泽宇,张路蓬,2018.政府规制下新能源汽车产业发展的演化博弈分析[J].管理评论(9):82-96.

[9] 曹裕,余振宇,万光羽,2017.新媒体环境下政府与企业在食品掺假中的演化博弈研究[J].中国管理科学(6):179-187.

[10] 曹正汉,2014.统治风险与地方分权——关于中国国家治理的三种理论及其比较[J].社会(6):52-69.

[11] 曹正汉,2005.无形的观念如何塑造有形的组织对组织社会学新制度学派的一个回顾[J].社会(3):207-216.

[12] 柴振国,赵晨光,王晶,2017.互联网立法背景下网络交易平台提供者注意义务探讨[J].河北经贸大学学报(3):104-109.

[13] 陈氚,2015.权力的隐身术——互联网时代的权力技术隐喻[J].福建论坛(人文社会科学版)(12):67-72.

[14] 陈冬华,2003.地方政府、公司治理与补贴收入——来自我国证券市场的经验证据[J].财经研究(9):15-21.

[15] 陈国权,陈晓伟,孙韶阳,2015.选择性执法、非法治化竞争与系统性腐败[J].浙江大学学报(人文社会科学版)(6):164-176.

[16] 陈国权,毛益民,2018.权力法治与廉政治理[M].北京:中国社会科学出版社.

[17] 陈国权,孙韶阳,2016.效率优先战略下的地方政府经营化与高廉政风险[J].浙江大学学报(人文社会科学版)(5):144-156.

[18] 陈国权,孙韶阳,2017.线上政府:网络社会治理的公权力体系[J].中国行政管理(7):34-40.

[19] 陈敏菊,2006.企业与政府的博弈:民营企业政治化[J].乡镇经济(6):25-28.

[20] 陈潭,杨孟,2016.“互联网+”与“大数据×”驱动下国家治理的权力嬗变[J].新疆师范大学学报(哲学社会科学版)(5):105-111.

[21] 陈翔,仲伟俊,梅姝娥,2003.第三方电子商务平台的定价策略研究[J].系统工程学报(3):237-243.

[22] 陈永伟,2018.平台反垄断问题再思考:“企业—市场二重性”视角的分析[J].竞争政策研究(5):25-34.

[23] 陈真玲,王文举,2017.环境税制下政府与污染企业演化博弈分析[J].管理评论(5):226-236.

[24] 程贵孙,陈宏民,孙武,2006军.双边市场视角下的平台企业行为研究[J].经济理论与经济管理(9):55-60.

[25] 崔雅雯,杨磊,郭延禄,2018.供给侧改革下的政府规制与企业的标准化行为演化博弈分析[J].技术与创新管理(6):753-760.

[26] 崔之元,1998.“混合宪法”与对中国政治的三层分析[J].战略与管理(3):60-65.

[27] 董志强,1999.话语权力与权力话语[J].人文杂志(4):142-147.

[28] 段忠贤,2012.网络社会的兴起:善政的机会与挑战[J].电子政务(10):89-93.

[29] 方兴东,严峰,2017.浅析超级网络平台的演进及其治理困境与相关政策建议——如何破解网络时代第一治理难题[J].汕头大学学报(人文社会科学版)(7):41-51.

[30] 方兴东,张笑容,2006.大集市模式的博客传播理论研究和案例分析[J].现代传播(中国传媒大学学报)(3):68-73.

[31] 冯留建,2007.中国公民社会兴起与有效治理的三大原则[J].新视野(4):74-76.

[32] 冯明,2018.政府与互联网企业关系面临挑战[J].新经济导刊(5):50-54.

[33] 冯臻,2014.从众还是合规:制度压力下的企业社会责任抉择[J].财经科学(4):82-90.

[34] 符平,2013.市场的社会逻辑[M].上海:上海三联书店.

[35] 傅春晖,彭金定,2007.话语权力关系的社会学诠释[J].求索(5):79-80.

[36] 傅瑜,隋广军,赵子乐,2014.单寡头竞争性垄断:新型市场结构理论构建——基于互联网平台企业的考察[J].中国工业经济(1):140-152.

[37] 高秦伟,2017.分享经济的创新与政府规制的应对[J].法学家(4):17-29.

[38] 高秦伟,2014.论行政法上的第三方义务[J].华东政法大学学报(1):38-56.

[39] 高秦伟,2015.社会自我规制与行政法的任务[J].中国法学(5):73-98.

[40] 耿云,杨勇,2006.中美政府规制改革动因之比较[J].云南行政学院学报(4):69.

[41] 郭道晖,2001.权力的多元化与社会化[J].法学研究(1):3-17.

[42] 郭薇,秦浩,2012.行业协会参与市场治理的内生障碍、外部条件及动力路径分析[J].前沿(12):90-91.

[43] 哈贝马斯,1999.公共领域的结构转型[M].曹卫东,等译.上海:学林出版社.

[44] 韩庆祥,张艳涛,2016.论力量转移[J].哲学研究(1):12-20.

[45] 韩兆柱,于均环,2018.整体性治理、合作治理与合同制治理理论比较研究[J].天津行政学院学报(5):45-52.

[46] 韩震,1998.重建理性主义信念[M].北京:北京出版社.

[47] 何德旭,周中胜,2011.民营企业的政治联系、劳动雇佣与公司价值[J].数量经济技术经济研究(9):47-60.

[48] 何立胜,杨志强,2006.内部性·外部性·政府规制[J].经济评论(1):141-147.

[49] 何明升,2016.中国网络治理的定位及现实路径[J].中国社会科学(7):112-119.

[50] 何哲,2015.网络社会时代的政府组织结构变革[J].甘肃行政学院学报(3):18-28.

[51] 贺雪峰,仝志辉,2002.论村庄社会关联——兼论村庄秩序的社会基础[J].中国社会科学(3):124-134,207.

[52] 侯琦,魏子扬,2012.合作治——中国社会管理的发展方向[J].中共中央党校学报(1):27-30.

[53] 胡岗岚,2010.平台型电子商务生态系统及其自组织机理研究[D].上海:复旦大学.

[54] 胡海,2016."流动"与"关系"——"网络社会"权力场域分析的新起点[J].现代传播(中国传媒大学学报)(10):138-141.

[55] 胡凌,2016."非法兴起":理解中国互联网演进的一个视角[J].文化纵横(5):120-125.

[56] 胡凌,2018a.超越代码:从赛博空间到物理世界的控制/生产机制[J].华东政法大学学报(1):6-21.

[57] 胡凌,2018b.论赛博空间的架构及其法律意蕴[J].东方法学(3):87-99.

[58] 胡旭阳,2006.民营企业家的政治身份与民营企业的融资便利——以浙江省民营百强企业为例[J].管理世界(5):107-113.

[59] 胡颖,2013.技术与法律的博弈——网络空间治理之道探究[J].福建师范大学学报(哲学社会科学版)(3):59-62.

[60] 胡元梓,2004.论中国实现有效治理的社会政治心理基础[J].文史哲(1):154-159.

[61] 黄德春,2006.发达国家与发展中国家规制改革的比较研究[J].科技管理研究(7):223-226.

[62] 黄敏学,李小玲,朱华伟,2008.企业被"逼捐"现象的剖析:是大众"无理"还是企业"无良"?[J].管理世界(10):115-126.

[63] 黄新华,2007.论政府社会性规制职能的完善[J].政治学研究(2):60-70.

[64] 黄惟勤,2010.论网络表达自由[D].北京:中国社会科学院.

[65] 黄信,2010.制度不确定性:市场与政府关系的新视角[J].中共中央党校学报(1):51-55.

[66] 基欧汉,奈,2012.权力与相互依赖[M].门洪华,译.北京:北京大学出版社.

[67] 贾小路,2013.约谈式经济法执法方式研究[J].经济法学评论(10):176-226.

[68] 姜奇平,2017.分享经济:垄断竞争政治经济学[M].北京:清华大学出版社.

[69] 蒋红珍,2011.政府规制政策评价中的成本收益分析[J].浙江学刊(6):136-144.

[70] 里夫金,2012.第三次工业革命——新经济模式如何改变世界[M].张体伟,译.北京:中心出版社.

[71] 颉茂华,王瑾,刘冬梅,2014.环境规制、技术创新与企业经营绩效[J].南开管理评论(6):106-113.

[72] 金太军,袁建军,2011.政府与企业的交换模式及其演变规律——观察腐败深层机制的微观视角[J].中国社会科学(1):102-118.

[73] 金太军,2002.村庄治理中三重权力互动的政治社会学分析[J].战略与管理(2):105-114.

[74] 敬乂嘉,2009.合作治理:再造公共服务的逻辑[M].天津:天津人民出版社.

[75] 卡斯特,2001.网络社会的崛起[M].夏铸九,等译,北京:社会科学文献出版社.

[76] 康晓光,1999.权力的转移——转型时期中国权力格局的变迁[M].杭州:浙江人民出版社.

[77] 库珀,2007.合同制治理——公共管理者面临的挑战与机遇[M].竺乾威,卢毅,陈卓霞,译.上海:复旦大学出版社.

[78] 库克里克,2018.微粒社会:数字化时代的社会模式[M].黄昆,夏柯,译.北京:中信出版社.

[79] 匡文波,杨春华,2016.走向合作规制:网络空间规制的进路[J].现代传播(中国传媒大学学报)(2):10-16.

[80] 黎军,2006.行业协会的几个基本问题[J].河北法学(7):26-29.

[81] 李彬,谷慧敏,高伟,2011.制度压力如何影响企业社会责任:基于旅游企业的实证研究[J].南开管理评论(6):67-75.

[82] 李洪雷,2017.论互联网的规制体制——在政府规制与自我规制之间[J].网络信息法学研究(1):31-53.

[83] 李金,魏丹,2005.论现代企业的边际公共性——政府改革的另一种视角[J].当代经理人(1):168-169.

[84] 李俊,2006.中国与西方政府规制的依存性制度差异[J].中国青年政治学院学报(5):61-65.

[85] 李岚,2009.西方企业政治行为研究——关于行业被管制压力与企业政治战略战术的关系[J].企业活力(7):18-21.

[86] 李凌,2015.平台经济发展与政府管制模式变革[J].经济学家(7):27-34.

[87] 李路路,2002.制度转型与分层结构的变迁——阶层相对关系模式的"双重再生产"[J].中国社会科学(6):105-118.

[88] 李娜,2002.世界各国有关互联网信息安全的立法和管制[J].世界电信(6):36-39.

[89] 李谦,2016.互联网数据开放的中国逻辑:经济动力与政治意涵[J].文化纵横(1):25-34.

[90] 李琼,徐彬,2011.利益集团的政府俘获、行政腐败与高行政成本[J].四川师范大学学报(社会科学版)(3):86-91.

[91] 李雪静,2014.双边市场的平台竞争问题研究[M].上海:上海大学出版社.

[92] 李郁芳,2004.转轨时期政府规制过程的制度缺陷及其治理[J].管理世界(1):137-138.

[93] 林建宗,2014.第三方网络零售平台的私人秩序治理[J].厦门理工学院学报(4):38-44.

[94] 林建宗,2011.企业社会责任综合治理机制研究[J].经济管理(11):174-183.

[95] 林奇富,贺竞超,2016.大数据与公共生活:冲击、风险及治理反思[J].探索与争鸣(7):86-90.

[96] 林群丰,徐淑琳.网络社会法治化的现实困境与制度重构[J].华北电力大学学报(社会科学版),2015(05):50-57.

[97] 林尚立,2001.权力与体制:中国政治发展的现实逻辑[J].学术月刊(5):91-100.

[98] 林毅夫,李周,竞争,1998.政策性负担和国有企业改革[J].经济社会体制比较(5):1-5.

[99] 刘保平,2003.公共管理运动中的理性主义批判[J].北京行政学院学报(5):21-24.

[100] 刘津洁,杨龙,2002.论政治权力结构[J].云南行政学院学报(2):13-17.

[101] 刘玲,2007.国有企业社会责任研究——以"企业—政府—社会"关系为框架[J].理论界(9):95-96.

[102] 刘少杰,2012.网络化时代的社会结构变迁[J].学术月刊(10):14-23.

[103] 刘绍宇,2018.论互联网分享经济的合作规制模式[J].华东政法大学学报(3):72-82.

[104] 刘世锦,1995.中国国有企业的性质与改革逻辑[J].经济研究(4):29-36.

[105] 刘涛,2015.社会化媒体与空间的社会化生产——列斐伏尔和福柯"空间思想"的批判与对话机制研究[J].新闻与传播研究(5):73-92.

[106] 刘欣,2005.当前中国社会阶层分化的多元动力基础——一种权力衍生论的解释[J].中国社会科学(4):101-114.

[107] 陆宇峰,2014.中国网络公共领域:功能、异化与规制[J].现代法学,36(4):25-34.

[108] 罗宾斯,2005.组织行为学[M].孙健敏,李原,译,北京:中国人民大学出版社.

[109] 罗尔斯,2011.政治自由主义[M].万俊人,译.北京:译林出版社.

[110] 罗党论,甄丽明,2008.民营控制、政治关系与企业融资约束——基于中国民营上市公司的经验证据[J].金融研究(12):164-178.

[111] 罗家德,2010.自组织——市场与层级之外的第三种治理模式[J].比较管理(2):1-12.

[112] 罗西瑙,2001.没有政府的治理:世界政治中的秩序与变革[M].张胜军,刘小林,等译.南昌:江西人民出版社.

[113] 吕本富,2012.双向互动:应对社会治理结构网络化的挑战[J].行政管理改革(11):47-49.

[114] 吕方,2013.治理情境分析:风险约束下的地方政府行为——基于武陵市扶贫办"申诉"个案的研究[J].社会学研究(2):98-124.

[115] 吕源,2009.以制度理论为基础的企业战略管理实证研究方法简述[J].战略管理(1):66-84.

[116] 马晓明,2017.从"被遗忘权"看网络服务商的删除义务[J].网络信息法学研究(2):154-165.

[117] 迈尔-舍恩伯格,库克耶,2013.大数据时代:生活、工作与思维的大变革[M].盛海燕,周涛,译.杭州:浙江人民出版社.

[118] 茆翠红,钱钢,2009.食品安全问题中的政府监管部门和企业的演化博弈分析[J].工业技术经济(5):95-97.

[119] 梅丽霞,王缉慈,2009.权力集中化、生产片断化与全球价值链下本土产业的升级[J].人文地理(4):32-37.

[120] 孟凡新,涂圣伟,2017.技术赋权、平台主导与网上交易市场协同治理新模式[J].经济社会体制比较(5):43-51.

[121] 孟凡新,2015.共享经济模式下的网络交易市场治理:淘宝平台例证[J].改革(12):104-111.

[122] 孟兆平,2017.网络规范体系化研究[A]//胡泳.连接之后:公共空间重建与权力再分配[C].北京:人民邮电出版社.

[123] 福柯,2007.规训与惩罚[M].北京:生活・读书・新知三联书店出版社.

[124] 穆尔,2007.赛博空间的奥德赛[M].麦永雄,译.桂林:广西师范大学出版社.

[125] 潘峰,王琳,2018.环境规制中地方规制部门与排污企业的演化博弈分析[J].西安交通大学学报(社会科学版)(1):71-81.

[126] 裴炜,2018.针对用户个人信息的网络服务提供者协助执法义务边界[J].网络信息法学研究(1):21-56.

[127] 布迪厄,华康德,2004.实践与反思——反思社会学导引[M].李猛,译.北京:中央编译出版社.

[128] 钱忆亲,陈昌凤,袁烨,等,2017.互联网治理:一种综合路径的探索[J].全球传媒学刊(2):4-31.

[129] 秦前红,李少文,2014.网络公共空间治理的法治原理[J].现代法学(6):15-26.

[130] 曲振涛,周正,周方召,2010.网络外部性下的电子商务平台竞争与规制——基于双边市场理论的研究[J].中国工业经济(4):120-129.

[131] 萨拉蒙,2008.公共服务中的伙伴:现代福利国家中政府与非营利组织的关系[M].田凯,译.北京:商务印书馆,

[132] 萨瓦斯,2003.民营化与公私部门的伙伴关系[M].周志忍,等译.北京:中国人民大学出版社.

[133] 商迎秋,2011.企业战略管理理论演变与战略风险思想探析[J].技术经济与管理研究(3):65-69.

[134] 什贝纳茨,莱勒,2017.屏幕上的聪明决策:抓住多屏时代的消费冲动与商业机会[M].石磊,译.北京:北京联合出版公司.

[135] 盛学军,唐军.2016.经济法视域下:权力与权利的博弈均衡——以Uber等互联网打车平台为展开[J].社会科学研究(2):97-103.

[136] 石涛,2010.政府规制的"成本—收益分析":作用、内涵及其规制效应评估[J].上海行政学院学报(1):67-76.

[137] 史云贵,2007.从政府理性到公共理性——构建社会主义和谐社会的理性路径分析[J].社会科学研究(6):65-70.

[138] 宋辰婷,2017a.互联网时代的权力演化趋势[J].社会科学研究(2):106-112.

[139] 宋辰婷,2017b.权力转换:网络权力与现实权力的互动研究[J].兰州大学学报(社会科学版)(6):99-107.

[140] 宋华琳,2016.论政府规制中的合作治理[J].政治与法律(8):14-23.

[141] 宋华琳,2008.政府规制改革的成因与动力——以晚近中国药品安全规制为中心的观察[J].管理世界(8):40-51.

[142] 宋铁波,曾萍,2011.多重制度压力与企业合法性倾向选择:一个理论模型[J].软科学(4):112-116.

[143] 宋亚辉,2018.网络市场规制的三种模式及其适用原理[J].法学(10):81-94.

[144] 宋亚辉,2017.社会性规制的路径选择:行政规制、司法控制抑或合作规制[M].北京:法律出版社.

[145] 苏哲,2011."精英—民主"模型:中国政治模式的经验描述与理论重构[J].浙江社会科学(3):21-30.

[146] 孙永磊,党兴华,2013.基于知识权力的网络惯例形成研究[J].科学学研究(9):1372-1380,1390.

[147] 唐秋伟,2012.网络治理的模式:结构、因素与有效性[J].河南社会科学(5):29-32.

[148] 梯若尔,2018.产业组织理论[M].张维迎,总译校.北京:中国人民大学出版社.

[149] 田大映,刘晓婷,2018.大数据:网络社会的权力再生产[J].视听(3):33-35.

[150] 仝志辉,贺雪峰,2002.村庄权力结构的三层分析——兼论选举后村级权力的合法性[J].中国社会科学(1):158-167,208-209.

[151] 汪帅东,2018.企业声誉的概念认知与多维评价[J].现代管理科学(12):97-99.

[152] 汪旭辉,2015.平台型网络市场"平台—政府"双元管理范式研究——基于阿里巴巴集团的案例分析[J].中国工业经济(3):135-147.

[153] 王斌,2015.网络社会差序格局的崛起与分化[J].重庆社会科学(8):33-39.

[154] 王伯鲁,2013.技术权力问题解析[J].科学技术哲学研究(6):41-45.

[155] 王春娟,2006.科层制的涵义及结构特征分析——兼评韦伯的科层制理论[J].学术交流(5):56-60.

[156] 王迪,王汉生,2016.移动互联网的崛起与社会变迁[J].中国社会科学(7):105-112.

[157] 王健,王红梅,2009.中国特色政府规制理论新探[J].中国行政管理(3):36-40.

[158] 王俊豪,1999.中国政府管制体制改革研究[M].北京:经济科学出版社.

[159] 王亮,赵定涛,2006.企业—政府互动依赖关系与企业政治行为[J].公共管理学报(3):12-17.

[160] 王民,刘培峰,2004.民间组织通论[M].北京:时事出版社.

[161] 王浦劬,萨拉蒙,2010.政府向社会组织购买公共服务研究[M].北京:北京大学出版社.

[162] 王诗宗,2010.治理理论与公共行政学范式进步[J].中国社会科学(4):87-100.

[163] 王学军,胡小武,2005.论规制失灵及政府规制能力的提升[J].公共管理学报(2):46-54.

[164] 王颖,等,1993.社会中间层——改革与中国社会组织[M].北京:中国发展出版社.

[165] 吴春梅,翟军亮,2012.变迁中的公共服务供给方式与权力结构[J].江汉论坛(12):13-17.

[166] 吴德胜,2007.网上交易中的私人秩序——社区、声誉与第三方中介[J].经济学(季刊)(3):859-884.

[167] 吴敬琏,1994.现代公司与企业改革[M].天津:天津人民出版社.

[168] 吴敬琏,2006.商会的定位及其自身治理[J].中国改革(10):29-32.

[169] 吴晓林,2017.结构依然有效:迈向政治社会研究的"结构—过程"分析范式[J].政治学研究(2):96-108.

[170] 吴毅,2002.双重边缘化:村干部角色与行为的类型学分析[J].管理世界(11):78-85,155-156.

[171] 夏大慰,史东辉,2001.市场经济条件下的政府规制:理论、经验与改革[J].上海社会科学院学术季刊(4):81-90.

[172] 向静林,2017.市场治理的制度逻辑——基于风险转化的理论视角[J].社会学评论(3):3-18.

[173] 项保华,李庆华,2000.企业战略理论综述[J].经济学动态(7):70-74.

[174] 肖红军,2018.国有企业社会责任的发展与演进:40年回顾和深度透视[J].经济管理(10):5-26.

[175] 肖兴志,2003.自然垄断产业规制改革模式研究[M].大连:东北财经大学出版社.

[176] 谢志勇,修青华,2017.互联网治理视域中的平台责任研究[J].国家行政学院学报(5):102-106.

[177] 谢地,景玉琴,2003.我国政府规制体制改革及政策选择[J].吉林大学社会科学学报(3):22-29.

[178] 谢佩洪,2010.中国企业多元化经营:制度—行为—绩效范式构建研究[J].管理学家(学术版)(3):3-13.

[179] 谢识予,2014.经济博弈论[M].上海:复旦大学出版社.

[180] 徐家良,2003.双重赋权:中国行业协会的基本特征[J].天津行政学院学报(1):34-38.

[181] 徐晋,张祥建,2006.平台经济学初探[J].中国工业经济(5):40-47.

[182] 徐晋,2013.平台经济学(修订版)[M].上海:上海交通大学出版社.

[183] 徐靖,2014.论法律视域下社会公权力的内涵、构成及价值[J].中国法学(1):79-101.

[184] 徐湘林,2010.转型危机与国家治理:中国的经验[J].经济社会体制比较(5):1-14.

[185] 许传玺,2003.行政罚款的确定标准:寻求一种新的思路[J].中国法学(4):1-10.

[186] 许华鑫,2016.互联网环境下传统媒体的场域变迁和"感应"[J].中国广播(11):56-59.

[187] 许可,2018.网络平台规制的双重逻辑及其反思[J].网络信息法学研究(1):105-121.

[188] 薛虹,2014.论电子商务第三方交易平台——权力、责任和问责三重奏[J].上海师范大学学报(哲学社会科学版)(5):39-46.

[189] 闫海潮,2017.公共治理视角下行业协会商会研究——现状、反思与展望[J].北京交通大学学报(社会科学版)(4):111-117.

[190] 颜佳华,郑志平,2011.虚拟社会管理创新研究论纲[J].太平洋学报(11):12-18.

[191] 阳镇,2018.平台型企业社会责任:边界、治理与评价[J].经济学家(5):79-88.

[192] 阳镇,许英杰,2017."互联网+"背景下企业社会责任变革趋势与融合路径[J].企业经济(8):38-45.

[193] 杨国斌,2013.连线力:中国网民在行动[M].邓燕华,译.桂林:广西师范大学出版社.

[194] 杨筼,宁向东,2018.政治关联、政府补贴与企业创新绩效[J].技术经济(5):31-37.

[195] 杨雪冬,2013.国家权力的边界[J].决策(8):19.

[196] 杨雪冬,2008.后市场化改革与公共管理创新——过去十多年来中国的经验[J].管理世界(12):51-63.

[197] 易余胤,刘汉民,2005.经济研究中的演化博弈理论[J].商业经济与管理(8):8-13.

[198] 尹建国,2015.我国网络信息的政府治理机制研究[J].中国法学(1):134-151.

[199] 于洋,马婷婷,2018.政企发包:双重约束下的互联网治理模式——基于互联网信息内容治理的研究[J].公共管理学报(3):117-128.

[200] 余晖,1998.中国的政府管制制度[J].改革(3):92-102.

[201] 余明桂,回雅甫,潘红波,2010.政治联系、寻租与地方政府财政补贴有效性[J].经济研究(3):65-77.

[202] 余明桂,潘红波,2008.政治关系、制度环境与民营企业银行贷款[J].管理世界(8):9-21,39,187.

[203] 俞可平,2008.中国治理变迁30年(1978—2008)[J].吉林大学社会科学学报(3):5-17.

[204] 俞可平,2001.治理和善治:一种新的政治分析框架[J].南京社会科学(9):40-44.

[205] 郁建兴,高翔,2012.地方发展型政府的行为逻辑及制度基础[J].中国社会科学,5:95-122.

[206] 郁建兴,2006.行业协会:寻求与企业、政府之间的良性互动[J].经济社会体制比较(2):118-123.

[207] 喻国明,杨莹莹,闫巧妹,2018.算法即权力:算法范式在新闻传播中的权力革命[J].编辑之友(5):5-12.

[208] 曾楚宏,朱仁宏,李孔岳,2008.基于战略视角的组织合法性研究[J].外国经济与管理(2):9-15.

[209] 曾福城,2017.论网络平台的责任[J].北京邮电大学学报(社会科学版)(12):17-21.

[210] 曾刚,2008.技术扩散与产业升级[C].长春:中国地理学会(长春)年会.

[211] 曾润喜,郑斌,张毅,2012.中国互联网虚拟社会治理问题的国际研究[J].电子政务(9):56-60.

[212] 张峰,2014.网络公共领域的政府治理模式创新——从协作向合作的嬗变[J].理论与改革(2):121-124.

[213] 张冠文,2013.互联网交往形态的演化[D].济南:山东大学.

[214] 张红凤,周峰,杨慧,等,2009.环境保护与经济发展双赢的规制绩效实证分析[J].经济研究(3):14-26.

[215] 张建君,2012.嵌入的自主性:中国著名民营企业的政治行为[J].经济管理(5):35-45.

[216] 张康之,程倩,2010.网络治理理论及其实践[J].新视野(6):36-39.

[217] 张康之,2012.合作治理是社会治理变革的归宿[J].社会科学研究(3):35-42.

[218] 张丽娜,2007.合同规制:我国城市公用事业市场化中规制改革新趋向[J].中国行政管理(10):92-95.

[219] 张丽娜,2006.我国政府规制理论研究综述[J].中国行政管理(12):87-90.

[220] 张莉,高元骅,徐现祥,2013.政企合谋下的土地出让[J].管理世界(12):43-51.

[221] 张庆林,2014.论网络舆论形成过程中公共性的消解和流失[J].东南传播(11):1-2.

[222] 张冉,2007.中国行业协会研究综述[J].甘肃社会科学(5):231-235.

[223] 张效羽,2016.互联网分享经济对行政法规制的挑战与应对[J].环球法律评论(5):151-161.

[224] 张效羽,2017.互联网经济对行政管辖体制的挑战及其应对[J].黑龙江社会科学(1):99-104.

[225] 张咏梅,2013.政府—企业关系中的权力、依赖与动态均衡:基于资源依赖理论的分析[J].兰州学刊(7):150-154.

[226] 张云昊,2011.规则、权力与行动:韦伯经典科层制模型的三大假设及其内在张力[J].上海行政学院学报(2):49-59.

[227] 赵峰,马光明,2011.政治关联研究脉络述评与展望[J].经济评论(3):151-160.

[228] 赵红艳,2013.热点事件中网络媒介权力运行机制及管理策略[D].哈尔滨:哈尔滨工业大学.

[229] 赵晶,张书博,祝丽敏,2015.传承人合法性对家族企业战略变革的影响[J].中国工业经济(8):130-144.

[230] 赵奇,2015.互联网社会的权力转移与话语秩序构建[N].学习时报,2015-10-0419.

[231] 赵云泽,付冰清,2010.当下中国网络话语权的社会阶层结构分析[J].国际新闻界(5):63-70.

[231] 郑永年,2014.技术赋权:中国的互联网、国家与社会[M].上海:东方出版社.

[232] 郑震,2010.空间:一个社会学的概念[J].社会学研究(5):167-191,245.

[233] 郑智航,2018.网络社会法律治理与技术治理的二元共治[J].中国法学(2):108-130.

[234] 植草益,1992.微观规制经济学[M].北京:中国发展出版社.

[235] 周汉华,2015.论互联网法[J].中国法学(3):20-37.

[236] 周辉,2016.变革与选择——私权力视角下的网络治理[M].北京:北京大学出版社.

[237] 周黎安,2007.中国地方官员的晋升锦标赛模式研究[J].经济研究(1):36-50.

[238] 周黎安,2014.行政发包制[J].社会(6):1-38.

[239] 周雪光,2003.组织社会学十讲[M].北京:社会科学文献出版社.

[240] 周雪光,2008.基层政府间的"共谋现象"——一个政府行为的制度逻辑[J].社会学研究(6):1-21.

[241] 周雪光,2011.权威体制与有效治理:当代中国国家治理的制度逻

辑[J].开放时代(10):67-85.

[242] 祝西冰,贾志科,2012.权力再诠释:基于西方社会学理论范式的嵌入研究[J].甘肃理论学刊(3):102-107.

[243] 庄垂生,2000.政策变通的理论:概念、问题与分析框架[J].理论探讨(6):78-81.

[244] 邹军,2015.全球互联网治理的新趋势及启示——解析"多利益攸关方"模式[J].现代传播(中国传媒大学学报)(11):53-57.

外文文献:

[1] Akerlof G, 1970. The market for lemons qualitative uncertainty and the market mechanism[J]. Quarterly Journal of Economics(3): 488-500.

[2] Ansell C, Gash A, 2008. Collaborative governance in theory and practice[J]. Journal of Public Administration Research and Theory (4): 543-571.

[3] Armstrong M, 2006. Competition in two-sides markets[J]. Rand Journal of Economics(3):668-691.

[4] Arndt S W, Kierzkowski H, 2001. Fragmentation: new production patterns in the world economy[M]. New York: Oxford University Press.

[5] Averch H, Johnson L L, 1962. Behavior of the firm under regulatory constraint[J]. The American Economic Review(5): 1052-1069.

[6] Bai C E, Lu J, Tao Z, 2006. Property rights protection and access to bank loans: evidence from private enterprises in China[J]. Economics of Transition(4): 611-628.

[7] Baker G P, Gibbons R S, Murphy K J, 1994. Subjective performance measures in optimal incentive contracts[J]. Quarterly Journal of Economics(4):1125-1156.

[8] Bartels L M, Brady H E, 2003. Economic behavior in political context[J]. American Economic Review(2): 156-161.

[9] Baumol W J, 1986. Contestable markets: an uprising in the theory of industry structure[J]. Microtheory: Applications and Origins: 40-54.

[10] Bennett R, Kottasz R, 2000. Practitioner perceptions of corporate reputation: an empirical investigation[J]. Corporate Communications: An International Journal(4):224-235.

[11] Bian Y J, Logan J, 1996. Market transition and the persistence of power[J]. American Sociology Review,61:739-758.

[12] Boyd D, Crawford K, 2012. Critical questions for big data: Provocations for a cultural, technological, and scholarly phenomenon [J]. Information, Communication &. Society(5): 662-679.

[13] Breyer S, 1990. Deregulation or reregulation? regulatory reform in Europe and the United States[M]. London: Pinter Publishers.

[14] Buckley W, 1967. Sociology and modern systems theory[M]. Englewood Cliffs: Prentice-Hall.

[15] Butler A W, Fauver L, Mortal S, 2009. Corruption, political connections, and municipal finance[J]. The Review of Financial Studies(7): 2873-2905.

[16] Bygrave LA, Bing J, 2009. Internet governance: infrastructure and institutions[M]. Oxford: Oxford University Press.

[17] Campbell J L, 2007. Why would corporations behave in socially responsible ways? an institutional theory of corporate social responsibility[J]. Academy of Management Review(3): 946-967.

[18] Carr M, 2015. Power plays in global internet governance[J]. Millennium(2): 640-659.

[19] Chen C J P, Li Z, Su X et al. , 2011. Rent-seeking incentives, corporate political connections, and the control structure of private firms: Chinese evidence[J]. Journal of Corporate Finance (2): 229-243.

[20] Clarkson M, 1995. A Stakeholder framework for analyzing and evaluating corporate social performance[J]. The Academy of Management Review(1):30-44.

[21] Clercq D, Dimov D, 2008. Internal knowledge development and external knowledge access in venture capital investment performance[J]. Journal of Management Studies(3) : 585-612.

[22] Coglianese C, Lazer D, 2003. Management-based regulation: prescribing private management to achieve public goals[J]. Law & Society Review(4): 691-730.

[23] Coglianese C, Mendelson E, 2010. Meta-regulation and self-regulation[C]//The Oxford Handbook on Regulation. Oxford: Oxford University Press.

[24] Davis K, 1960. Can business afford to ignore social responsibilities? [J]. California Management Review(3):70-76.

[25] Demsetz H, 1968. Why regulate utilities? [J]. The Journal of Law and Economics(1): 55-65.

[26] Detomasi D A, 2008. The political roots of corporate social responsibility[J]. Journal of Business Ethics(4): 807-819.

[27] DiMaggio P J, Powell W W, 1991. The new institutionalism in organizational analysis[M]. Chicago: University of Chicago Press.

[28] DiMaggio P J, Powell W W, 2000. The iron cage revisited institutional isomorphism and collective rationality in organizational fields[J]. Advances in Strategic Management,4(2):147-160.

[29] Durlauf S N, Blume L E, 2008. The new palgrave dictionary of economics[M]. London: Palgrave Macmillan.

[30] Economides N, Himmelberg C, 1995. Critical mass and network size with application to the US fax market[R]. New York University Working Paper.

[31] Emerson K, Nabatchi T, Balogh S, 2012. An integrative framework

for collaborative governance[J]. Journal of Public Administration Research and Theory(1): 1-29.

[32] Emerson R M, 1976. Social exchange theory[J]. Annual Review of Sociology(2):335-362.

[33] Epstein D, 2009. Constructing the information society: the binding nature of nonbinding debates about Internet governance [J]. Social Science Electronic Publishing.

[34] Farrell J, Klemperer P, 2007. Coordination and lock-in: competition with switching costs and network effects [J]. Handbook of Industrial Organization(3): 1967-2072.

[35] Fligstein N, 2002. The architecture of markets: an economic sociology of twenty-first-century capitalist societies [M]. Princeton:Princeton University Press.

[36] Fombrun C J, 1996. Reputation: realizing value from the corporate image[M]. Boston:Harvard Business School Press .

[37] Frantz R S, 1980. On the existence of X-efficiency[J]. Journal of Post Keynesian Economics(4): 509-527.

[38] Freeman R, 1984. Strategic management: a stakeholder perspective [M]. Englewood Cliffs:Prentice-Hall.

[39] French J, Raven B, 2001. The base of social power[M]. Amherst: HRD Press.

[40] Garrett R K, 2006. Protest in an information society: a review of literature on social movements and new ICTs[J]. Information, Communication & Society(2):202-224.

[41] Gershenson C, 2007. Design and control of self-organizing systems [D]. Vrije Universiteit Brussel.

[42] Getz K A, 1997. Research in corporate political action integration and assessment[J]. Business & Society(1):32-72.

[43] Gill L, Redeker D, Gasser U, 2015. Towards digital constitutionalism?,

mapping attempts to craft an internet bill of rights[J]. Social Science Electronic Publishing(6):577-581.

[44] Giuliani E, Pietrobelli C, Rabellotti R, 2005. Upgrading in global value chains: Lessons from Latin American clusters [J]. World Development(4):549-573.

[45] Granovetter M, 1985. Economic action and social structure: the problem of embededness[J]. American Journal of Sociology(3): 481-510.

[46] Greif A, 1993. Contract enforceability and economic institutions in early trade: the maghribi traders' coalition[J]. American Economic Review(3):525-548.

[47] Guo L, Vargo C J, 2015. The power of message networks: a big data analysis of the network agenda setting model and issue ownership[J]. Mass Communication and Society(5):557-576.

[48] Guthrie D, 1997. Between markets and politics: organizational responses to reform in China[J]. American Journal of Sociology (5): 1258-1304.

[49] Henderson J et al. , 2002. Global production networks and the analysis of economic development [J]. Review of International Political Economy(3):436-464.

[50] Hobbes T, 1991. Leviathan[M]. New York: Cambridge University Press.

[51] Hoffman A J, 1999. Institutional evolution and change: Environmentalism and the US chemical industry[J]. Academy of Management Journal(4): 351-371.

[52] Jessop B, 1998. The rise of governance and the risks of failure: the case of economic development[J]. International Social Science Journal,155: 29-45.

[53] Jones R W, Kierzkowski H, 2005. International fragmentation

and the new economic geography[J]. The North American Journal of Economics and Finance(1):1-10.

[54] Jordan T, 1999. Cyberpower: the culture and politics of cyberspace and the internet[M]. New York: Routledge.

[55] Kahn A E, 1988. The economics of regulation: principles and institutions[M]. Cambridge: MIT Press.

[56] Kitchin R, Dodge M, 2011. Code/Space: software and everyday life[M]. Cambridge: The MIT Press.

[57] Lash S, 2007. Power after hegemony: cultural studies in mutation? [J]. Theory, Culture & Society(3):55-78.

[58] Lasswell H D, Kaplan A, 1963. Power and society[M]. New York: Mc GrawHill Book Co.

[59] Latiff H, Hassan A, 2008. Rise and fall of knowledge power: an in-depth investigation[J]. Humanomics(1):17-27.

[60] Lefebvre H, 1991. The production of space[M]. Malden, Oxford, Carlton: Blackwell Publishing Ltd.

[61] Leone R A, 1986. Who profits: winners, losers, and government regulation[M]. New York: Basic Books (AZ).

[62] Li H, Meng L, Zhang J, 2006. Why do entrepreneurs enter politics? evidence from China[J]. Economic Inquiry(3): 559-578.

[63] Marin L, Ruiz S, Rubio A, 2009 . The role of identity salience in the effects of corporate social responsibility on consumer behavior [J]. Journal of Business Ethics(1):65-78.

[64] Marquis C, Glynn M A, Davis G F, 2007,. Community isomorphism and corporate social action[J]. Academy of Management Review (3): 925-945.

[65] Martin R, 1977. The sociology of power[M]. London: Routledge & Kegan Paul.

[66] Mathiesen T,1997. The viewer society: michel foucault's"panopticon"

revisited[J]. Theoretical Criminology(2):215-234.

[67] McMillan J，Woodruff C，2000. Private order under dysfunctional public order[J]. Michigan Law Review(12):45-48.

[68] Meyer J W，Rowan B，1977. Institutionalized organizations: formal structure as myth and ceremony[J]. American Journal of Sociology (2): 340-363.

[69] Mitchell T，2017. Is knowledge power? information and switching costs in agricultural markets[J]. American Journal of Agricultural Economics(5): 1307-1326.

[70] Morgenthau H J，1978. Politics among nations: the struggle for power and peace[M]. New York: Alfred A. Knopf.

[71] Mudambi R，Navarra P，2004. Is knowledge power? knowledge flows, subsidiary power and rent-seeking within MNCs [J]. Journal of International Business Studies (5): 385-406.

[72] Nee V，1989. A theory of market transition: from redistribution to markets in state socialism[J]. American Sociological Review, 54:663-681.

[73] Oliver C，1991. Strategic responses to institutional processes[J]. Academy of Management Review,(1): 145-179.

[74] Oliver C,1997. Sustainable competitive advantage: combining institutional and resource-based views[J]. Strategic Management Journal (9): 697-713.

[75] Parsons T，1967. Sociological theory and modern society[M]. New York: Free Press.

[76] Pasquale F，2015. The black box society: the secret algorithms that control money and infomation [M]. Cambridge: Harvard University Press.

[77] Peltzman S，1976. Toward a more general theory of regulation[J]. The Journal of Law and Economics(2): 211-240.

[78] Peng M W, 2002. Towards an instituation-based view of business strategy[J]. Asia Pacific Journal of Management (2-3):251-267.

[79] Peters T J, Waterman R H, Jones I,1982. In search of excellence: lessons from America's best-run companies [J]. Long Range Planning (6):105-110.

[80] Pfeffer J, 1981. Power in organizations[M]. Marshfield: Pitman Publishing.

[81] Pfeffer J, Salancik G R, 2003. The external control of organizations: a resource dependence perspective [J]. Social Science Electronic Publishing, 23(2):123-133.

[82] Polanyi K, 1957. The great transformation: the political and economic origins of our time[M]. Boston: Beacon Press.

[83] Powell, Walter, 1990. Neither market nor hierarchy: network forms of organization[J]. Research in Organizational Behavior (12):295-336.

[84] Qu R, 2007. Effects of government regulations, market orientation and ownership structure on corporate social responsibility in China: an empirical study[J]. International Journal of Management(3): 582.

[85] Rajan R G, Zingales L, 1998. Power in a theory of the firm[J]. The Quarterly Journal of Economics(2):387-432;

[86] Rhodes R A W, 1996. The new governance: governing without government[J]. Political Studies(4):652-667.

[87] Rochet J C, Tirole J, 2003. Platform competition in two-sided markets[J]. Journal of the European Economic Association(4): 990-1029.

[88] Rosen J, 2005. The naked crowd: reclaiming security and freedom in an anxious age[M]. New York: Random House Trade Paperbacks.

[89] Salancik G R, 1979. Field stimulations for organizational behavior research[J]. Administrative Science Quarterly(4): 638-649.

[90] Schuler D A, Cramer R R D, 2002. Pursuing strategic advantage through political means: a multivariate approach[J]. The Academy of Management Journal(4):659-672.

[91] Scott W R, 1987. The adolescence of institutional theory[J]. Administrative Science Quarterly(4):493-511.

[92] Scott W R, 1995. Institutions and organizations[M]. Thousand Oaks: Sage Publication.

[93] Shaffer B, 1995. Firm-level responses to government regulation: theoretical and research approaches[J]. Journal of Management, 21(3):495-514.

[94] Shleifer A, 1985. A theory of yardstick competition[J]. The RAND Journal of Economics: 319-327.

[95] Sparrow B, Liu J, Wegner D M, 2011. Google effects on memory: cognitive consequences of having information at our fingertips[J]. Science,333:776-778.

[96] Spykman N J, 2007. America's strategy in world politics: the United States and the balance of power [M]. New York: Transaction Publishers.

[97] Stigler G J, 1971. The theory of economic regulation[J]. The Bell Journal Of Economics and Management Science: 3-21.

[98] Stoker G, 1998. Governance as theory: five propositions[J]. International Social Science Journal, 50(155): 17-28.

[99] Suchman M C,1995. Managing legitimacy: strategic and institutional approaches[J]. Academy of Management Review(3): 571-610.

[100] Tirole J, 1986. Hierarchies and bureaucracies: on the role of collusion in organizations[J]. The Journal of Law, Economics, and Organization (2): 181.

[101] Toffler A, 1990. Power shift[M]. New York: Bantam Books.

[102] Van Dijk J A G M, 2006. Digital divide research, achievements

and shortcomings[J]. Poetics, 34(4-5): 221-235.

[103] Venables A J, 1999. Fragmentation and multinational production [J]. European Economic Review, 43(4): 935-945.

[104] Viscusi W K, Harrington Jr J E, Vernon J M, 2005. Economics of regulation and antitrust[M]. Cambridge: MIT Press.

[105] Walder A G, 2002. Markets and income inequality in rural china: political advantage in an expanding economy [J]. American Sociological Review, 67: 231-253.

[106] Washington M, Zajac E, 2005. Status evolution and competition: theory and evidence[J]. Academy of Management Journal, 48(2): 282-296.

[107] Weingast B R, 2009. Second generation fiscal federalism: The implications of fiscal incentives[J]. Journal of Urban Economics, 65(3): 279-293.

[108] Wilson E J, 2005. What is Internet governance and where does it come from? [J]. Journal of Public Policy, 25(1): 29-50.

[109] Witt U, 1997. "Lock-in" vs. "Critical Masses"——industrial change under network externalities[J]. International Journal of Industrial Organization, 15(6).

[110] Zhou X G, 2000. Economic Transformation and Income Inequality in Urban China[J]. American Journal of Sociology, 105: 1135-1174.

[111] Zhou Y, 2006. Historicizing online politics: telegraphy, the internet, and political participation in China [M]. Stanford: Stanford University Press.